CHOISIS
LES **pierres**
DE TA VIE !

Dans la même collection

Hypersensibles, Cécile Giret, 2021.
Vivre (enfin) sereinement votre relation de flammes jumelles, Géraldine Garance, 2021.
Changez de vibration, changez de vie !, Jenna Blossoms, 2020.
Réveillez la sorcière qui sommeille en vous !, Anne-Sophie Pau, 2020.
Mon boss, c'est l'Univers !, Muriel Siron, 2020.
Discuter (enfin) tranquillement avec les défunts, Floriane Arzouni, 2019.
Devenir chaman, même pas peur !, Marianne Grasselli Meier, 2019.
Colorer sa vie avec 50 nuances d'archanges !, Marina Bougaïeff, 2019.
Trouvez et réalisez votre mission de vie !, Jenna Blossoms, 2018.
Libérez le médium qui est en vous !, Fabienne Bizet, 2018.
Communiquer avec son ange gardien et kiffer sa vie !, Marina Bougaïeff, 2018.

ISBN : 978-2-36188-585-4

www.editions-tredaniel.com
info@guytredaniel.fr
www.facebook.com/editions.tredaniel
@tredaniel_eso
@editions_exergue

L'univers d'Annabel

CHOISIS LES *pierres* DE TA VIE !

Manuel pratique pour se connecter à la magie et à l'énergie des pierres

ÉDITIONS
EXERGUE
27, rue des Grands-Augustins
75006 Paris

À propos de la collection ESOPRATIQUE

« La connaissance s'acquiert par l'expérience,
tout le reste n'est que de l'information. »
Albert Einstein

Selon le Larousse, l'ésotérisme se définit ainsi : « Partie de certaines philosophies dont la pratique devait rester inconnue des profanes. »

Et si l'ésotérisme n'était pas réservé à quelques initiés mais accessible et compréhensible par le plus grand nombre afin de permettre à chacun et chacune de s'ouvrir aux dimensions d'ordre spirituel pour les explorer, les ressentir, et ainsi évoluer sur le chemin de la vie, avec des clés de compréhension qui ouvriraient les portes de l'âme et de l'esprit ?

La collection *Esopratique* a pour vocation d'offrir aux lecteurs de tous âges, de tous milieux, initiés comme néophytes, la possibilité d'appliquer les concepts parfois ardus de l'ésotérisme à travers un travail personnel, afin de les vivre et de les intégrer plus facilement au quotidien.

Chaque ouvrage de la collection nous invite à parcourir les points de vue d'auteurs de tous horizons. Redevenons un enfant émerveillé en suivant l'ouverture de conscience de très jeunes auteurs inspirés qui nous montrent le chemin avec un langage moderne, décalé, en utilisant l'humour comme un outil spirituel ! Mais aussi, suivons les enseignements de leurs aînés où l'expérience a forgé certaines convictions qui nous sont délivrées pour les expérimenter à notre tour...

La voie de l'ésotérisme est une voie personnelle d'évolution, alors qui que vous soyez, homme ou femme, dans la fleur ou la force de l'âge, en phase de découverte ou en chemin depuis longtemps, ouvrez chaque livre avec curiosité, prenez un temps pour vous recentrer, puis partez à la découverte de vous-même avec joie et enthousiasme...

Car c'est seulement dans cet état d'esprit que vous serez touché par un mot, une phrase, une idée, et que vous ferez de ces graines d'éveil des fleurs de compréhension qui s'épanouiront au gré de votre parcours, de votre apprentissage...

Lisez, pensez, écrivez, ressentez, mais surtout, expérimentez, car seule l'expérience a valeur de connaissance...

AVERTISSEMENT

La lithothérapie entre dans le cadre des thérapies alternatives énergétiques, elle ne remplace pas la médecine dite « moderne », les indications données sont tirées de retours d'expériences d'utilisateurs, de cultures et d'ouvrages de référence dans le domaine. Pour tout problème médical, n'hésite pas à consulter ton médecin.

Sommaire

Introduction

Avant toute chose, chère âme qui lit ce livre, sache que je te permets ici d'ouvrir les portes sur la vision que j'ai des cailloux magiques.

J'ai voulu en simplifier l'utilisation afin que cela reste accessible au plus grand nombre, mais cela ne t'empêche en rien de travailler avec une de tes pierres de différentes façons. Ce qui est important, c'est que tu prennes conscience que plus tu travailleras avec les pierres, plus tu te connecteras à leurs énergies et à leurs vibrations, et plus la magie opérera.

Laisse-toi porter et n'oublie pas de garder ton âme ouverte à de nouvelles expériences de vie.

Le monde est parsemé de cailloux magiques, à toi de trouver celui qui fera chavirer ton cœur.

Évite de porter trop de pierres sur toi, car certaines énergies vont s'annuler entre elles. Choisis-en donc une pour t'accompagner en fonction du cycle dans lequel tu es et laisse-toi porter par sa magie.

En effet, je te conseille de travailler sur une longue durée avec une pierre, plutôt que d'enchaîner les pierres et de ne plus te connecter à leurs énergies. Comme tout dans la vie, il faut savoir faire preuve de sagesse et de modération.

Une pierre avec une belle connexion, qui sait où elle va et vers quoi tu souhaites évoluer, sera toujours plus utile que dix pierres en colocation qui passent leur temps à se chamailler et à se disperser.

Les pierres, c'est joli, c'est beau, mais à quoi servent-elles vraiment et sont-elles toutes magiques ?

Tu peux trouver des pierres de toutes les formes, de toutes les couleurs, de tous les aspects de ta vie, grâce notamment à leurs vibrations et à leurs pouvoirs magiques qui agissent différemment en fonction de tes besoins.

Oui, oui, tu as bien lu, leurs pouvoirs magiques !

La lithothérapie existe depuis très longtemps et n'a plus à nous démontrer ce qu'elle nous permet de travailler par rapport à notre corps et à notre mental.

Mais... eh oui, il y a toujours un mais, on ne te l'a jamais dit ?

Je reprends donc, mais si on décidait d'utiliser également la vertu de ces magnifiques outils que nous offre la nature pour nous accompagner et développer nos expériences personnelles et spirituelles ?

Cependant, si l'utilisation des pierres entre dans le cas de la thérapie alternative énergétique, elle ne remplace en rien la médecine « traditionnelle », donc si tu as des problèmes médicaux, n'hésite pas à également t'accompagner de professionnels de santé.

À travers cet ouvrage, tu trouveras de quoi te guider dans la diversité des pierres qui peut exister. Je te donnerai également des petites astuces pour utiliser au mieux ta pierre magique.

N'oublie pas qu'il faut avant tout acheter une pierre selon les sensations que tu as avec elle et ce qu'elle te procure… et par rapport à ton budget !

Ce n'est pas parce que tu ne vas pas prendre une pierre d'un kilo que toi et ton petit bout de pierre magique n'allez pas matcher, loin de là.

Eh oui, la taille ne compte pas, et cela vaut également pour les pierres !

Chapitre 1

Comment reconnaît-on une vraie pierre d'une fausse ?

Observe attentivement la pierre que tu tiens entre tes mains. Si elle est trop éclatante et trop parfaite, c'est qu'il y a de fortes chances qu'elle soit fausse.

Eh oui, malheureusement, dans ce monde, la beauté est beaucoup plus attrayante que la réalité.

La perfection n'existe pas, il doit y avoir des impuretés et des inclusions dans une pierre semi-précieuse.

Certaines personnes ont tendance à vouloir également prendre des pierres chauffées, car leurs couleurs sont plus vives, bien que cela ne change en rien leur puissance.

Renseigne-toi et regarde son origine, d'où elle provient... C'est également un bon indicateur.

LE PRIX

Il peut être un bon indicateur. Si tu tombes sur une pierre à moindre coût qui est normalement dans des prix assez élevés, méfie-toi. En effet, si tu achètes une grosse moldavite à 20 euros, c'est qu'il y a un souci.

Le plus simple dans tout cela, c'est d'acheter tes pierres auprès de personnes de confiance.

LES IRISÉS DANS LES PIERRES

S'il n'y a aucune nuance dans ta pierre et que celle-ci est fade de l'extérieur, c'est qu'elle n'a pas d'âme.

Tu peux également trouver des personnes qui rivalisent de malice et qui vont travailler avec des pierres de verre. Celles-ci possèdent des bulles avec des résidus de silice. La dureté du verre est faible, ces pierres sont donc sensibles aux rayures.

Tu peux également rencontrer des pierres en plastique, mais elles ne supportent pas la chaleur. Leur passage sous une flamme les fera fondre ou dégagera une forte odeur de plastique brûlé, donc elles sont assez « faciles » à reconnaître. Au toucher, elles restent également plus ou moins tièdes, alors qu'une véritable pierre restera toujours froide.

Grosso modo, évite de prendre des pierres qui en font trop, qui sont trop parfaites, trop brillantes, sans impuretés.

N'hésite pas à prendre la pierre entre tes mains et retiens cette phrase : pierre froide, cœur chaud, donc on est chaud, pierre tiède, il faut que je me retienne.

Chapitre 2

Quand nettoyer, purifier et recharger tes pierres ?

Et si je te disais de t'écouter ?
Tu vas me dire : « Mais, rien à voir avec la pierre ! »

Eh bien, si, justement, tout à avoir avec la pierre, car c'est toi qui possèdes la pierre et qui es en contact avec elle. Tu seras donc la meilleure personne pour ressentir son énergie.

En revanche, là où je mets mon grain de sel, c'est lorsque tu fais l'acquisition d'une pierre. Il est important de lui faire un petit nettoyage et une purification, cela permettra de dégager les énergies des personnes qui l'ont tripotée avant toi, mais également de t'approprier en douceur son énergie. Bien entendu, cela reste mon grain de sel, tu es donc libre de saler ta vie avec ou non.

Si tu as tout de même besoin de te rassurer, voici quelques *tips* :

Déjà, pourquoi la nettoyer ? Car les pierres se chargent et se déchargent de toutes les énergies qu'elles captent en fonction de leurs vertus ; le nettoyage permet donc d'évacuer tout cela et à la pierre de retrouver un équilibre. C'est l'occasion de faire un premier nettoyage du plus gros énergétique.

Si tu as tendance à utiliser une pierre très régulièrement, voire quotidiennement, alors tu sentiras si tu as moins de connexion avec. Cela voudra dire qu'il est grand temps de faire un petit *reset*.

Si tu utilises peu une pierre, voire rarement, mais que tu ne ressens plus d'alchimie comme c'était le cas auparavant, alors n'hésite pas à te reconnecter à elle en la nettoyant. La purification et le rechargement sont nécessaires. Si, même après cette remise au propre, tu ne te sens plus connecté·e, c'est sûrement parce que tu n'es plus aligné·e avec elle sur le plan énergétique et que tu as évolué. Tu peux donc garder cette pierre en décoration ou te séparer d'elle en la remerciant de t'avoir accompagné·e dans ton cycle de vie.

Dans la grande majorité des cas, la pierre peut être nettoyée sous un filet d'eau ou dans un récipient, en verre de préférence, avec de l'eau du robinet ou de l'eau distillée. Laisse ta pierre faire trempette un petit moment. Certains utilisent également la technique du sel, car le sel est un bon absorbeur d'énergies. Tu peux donc déposer ta pierre sur le sel en l'enveloppant dans un chiffon pour éviter la corrosion.

Attention, certaines pierres ne supportent ni l'eau ni le sel ! Il faudra utiliser la fumigation.

Mais la purification, c'est quoi alors ?

Cela permet de faire un deuxième cycle de lavage, mais c'est aussi un moment où nous sommes en totale connexion avec la pierre.

C'est donc une bonne occasion pour dire à la pierre sur quelle énergie tu souhaites travailler à ses côtés.

Tu peux purifier ta pierre grâce à la fumigation. Tu trouves des encens conçus pour le nettoyage, mais tu peux également acheter ou bien te faire un bâton de fumigation pour finaliser ce gros nettoyage.

Pour les bâtons de fumigation, je te propose de t'accompagner de thym qui est très bon pour le bannissement et la purification. Le romarin est aussi une très bonne plante de purification. Et en tout dernier, je vais te proposer du basilic que tu peux faire brûler sur un charbon ardent afin d'obtenir sa fumigation. Attention, je parle bien de la plante et non du serpent dans *Harry Potter* ! Au niveau énergétique, il sert pour le bannissement des ondes négatives et également pour la protection.

Tu peux faire cette deuxième étape lors du gros nettoyage, mais ce n'est pas obligatoire de faire les deux en même temps, tu peux juste faire un petit nettoyage.

Pour le rechargement, comment on fait ?

Alors là, cela va vraiment varier en fonction de la pierre. Certaines pierres vont avoir des préférences, mais je vais te donner quelques astuces qui m'aident pas mal.

La couleur de ta pierre ! Oui, oui, elle va bien t'informer !

En général, les pierres sont rangées en deux catégories :

- Les pierres lunaires, qui vont être à recharger sous les rayons de la lune.
- Les pierres solaires, qui vont adorer lézarder au soleil.

Les pierres dites « lunaires » vont être de couleur froide, c'est-à-dire blanches, bleues, roses et violet clair, mais également vertes.

Les pierres dites « solaires » sont donc les pierres jaunes, orange, argentées, rouges, marron et violet foncé.

Si tu as une pierre caméléon qui oscille entre les deux, n'hésite pas à la recharger en fonction de l'énergie que tu souhaites lui transmettre.

Pour certaines, tu peux te laisser guider par leur nom, car c'est comme le Port-Salut : c'est écrit dessus ! Si tu as une pierre de lune, quelle que soit sa nuance, tu vas la mettre à recharger aux rayons de la lune, et si tu as une pierre de lave, au soleil.

Tu peux également t'accompagner de différents outils qui aident à purifier et à recharger en même temps. Dans cette catégorie, tu trouveras :

- La géode ou druse d'améthyste, ainsi que le quartz blanc.
- Le bol tibétain.
- La coquille Saint-Jacques ou coquille d'ormeau.

Bon, moi, j'ai une technique qui est aussi pas mal et moins prise de tête, c'est de creuser un trou, non pas pour mettre ton ex dedans, mais bien les trésors que la nature t'a offerts.

J'aime bien appeler ce rituel : « retourne chez ta mère ».

Cela consiste à creuser un trou dans un endroit où tu te sens bien et d'y mettre tes pierres. Je t'invite fortement à les entourer de petits tissus afin d'éviter de nettoyer tes pierres les unes après les autres.

Tu peux laisser tes pierres minimum 48 heures. Cette méthode permet à la pierre de revenir à l'essence de son énergie et de s'ancrer afin de se délester des énergies qui ne lui sont pas favorables, de se purifier et de repartir sur de bonnes énergies.

Tu peux également mettre tes pierres dans certains lieux qui t'apaisent, par exemple des églises, mosquées, temples, ruines, forêt... Le principal, c'est que tu puisses déposer tes pierres quelques instants, le temps de te ressourcer, de t'apaiser, avant de les récupérer.

Chapitre 3

Les pierres, leurs formes et leurs énergies

La forme de la pierre change l'énergie qu'elle diffuse. Attention, cela ne veut pas dire que cela modifie sa propriété.

BRUTES

Si tu veux de l'énergie qui envoie du steak, alors rapproche-toi des pierres à l'état brut.

En effet, les pierres brutes sont brutes de décoffrage, elles t'accompagnent à travers leurs énergies sans chichi ; elles ne sont clairement pas là pour te raconter des salades ou attendre que la pluie tombe.

Elles aiment le concret, l'action et l'aventure.

À l'image de l'ours, elles sont fortes à l'extérieur, mais si tu comprends leur énergie et que tu sais pourquoi tu souhaites travailler à leurs côtés, alors tu te connecteras à leur cœur de nounours.

Attention, donc, avec cette forme, car il faut être prêt·e à accueillir la pleine puissance de ses énergies.

Cette forme est parfaite si tu souhaites des effets instantanés.

ROULÉES

Celles-ci, pas la peine d'essayer de les rouler dans la farine, cela ne marche pas comme ça.

Car, oui, on peut les penser toutes douces, mignonnes et inoffensives, mais c'est un véritable effet *kiss cool* que tu as dans ces pierres.

Elles vont t'accompagner en douceur dans les premiers temps, mais elles vont également te faire travailler en profondeur sur ce que tu as besoin d'appréhender dans ta vie et ce que tu souhaites, consciemment ou non.

Si tu souhaites établir une relation de confiance avec une pierre et qu'il est important pour toi de prendre le temps dans les changements que tu mets en place, alors cette forme sera parfaite pour toi.

GÉODE

Parfaite pour travailler sur soi, sur sa vie de manière générale.

Choisir une pierre en géode va te permettre de travailler à ses côtés dans une énergie introspective.

C'est également une belle énergie pour t'accompagner dans l'ancrage et te permettre de créer ta propre bulle afin de te déconnecter de ton quotidien et d'être mieux connecté·e à ton monde intérieur.

POINTE

Avec les pierres en cône, en monolithe ou dans d'autres styles de pointes, les énergies seront plus directes et plus concentrées. Cela va te permettre de travailler directement avec les énergies de la pierre sans chichi et, surtout, d'aller droit au but.

Si, par exemple, tu souhaites prendre de la sélénite en monolithe pour t'accompagner dans la méditation, choisir cette forme va concentrer les énergies de ce minéral à travailler dans cette direction.

Au fait, j'ai oublié de dire quelque chose de très important.

Il faut savoir que beaucoup de choses évoluent sur de nombreux plans dans la vie, et c'est également le cas au niveau spirituel. Il est important que tu saches que la spiritualité, c'est comme la sexualité : c'est intime et propre à chacun. Alors ne te compare pas et, surtout, n'oublie pas que ce qui est en accord avec toi et qui vibre dans le même alignement que ton âme n'est pas forcément en accord avec ton voisin. Et ça, on s'en fout ! Le principal, c'est que tes outils de développement personnel et spirituel te permettent d'évoluer et d'avancer sur ton chemin, à ton rythme et en aucun cas pour faire plaisir aux autres.

Alors, si tu décides d'utiliser les pierres d'une manière différente, tu as le droit, bien sûr. Il y aura toujours des personnes qui aimeront les règles, qui leur permettront de suivre une direction précise, et qui en retireront un sentiment de sécurité. Mais si tu as envie de faire différemment et que tu as un esprit beaucoup plus libre, voire artistique, alors grand bien te fasse, utilise ces petits cailloux magiques de la manière dont, toi, tu en as envie.

RITUEL DE RENCONTRE ET DE KIDNAPPING DE CAILLOU MAGIQUE

Que cela soit un coup de foudre ou une rencontre impromptue avec ton caillou magique, il n'en reste pas moins obligatoire de faire un petit rituel de rencontre.

Étape 1: le premier regard.

Oui, le premier coup d'œil en direction de cette pierre magnifique est important. Car, dès le premier *eye contact*, la magie se crée et un lien se noue entre vous. En même temps, je comprends ce caillou: comment rester de marbre devant une si belle créature de la nature? Eh oui, je parle de toi, andouille, toi qui lis ces lignes, pas de ton pote qui ne pipe rien à la vie.

Étape 2: le premier toucher.

Que de frissons, on se croirait presque dans *Cinquante nuances de caillou*, mais en plus étincelant.

Ta peau a touché ce bout de pierre et, maintenant, tu sais et tu comprends que c'est le caillou de ta vie, celui qui va te faire vouloir avoir une panoplie de bébés cailloux, des bracelets, des colliers... Tu te projettes déjà très loin.

Seulement, ce caillou a un passé, eh oui, même si tu l'as acheté dans une superbe boutique, on l'a tripoté sans son consentement et, maintenant, il se retrouve avec toutes ces énergies accumulées.

Étape 3: partir du bon pied.

Maintenant que tu connais son nom, d'où il vient et que tu as validé ton coup de cœur, il est temps de repartir sur de bonnes bases. En avant le nettoyage, la purification et le rechargement en fonction de ce qu'il aime! C'est hyper important pour ne pas récupérer les mauvaises énergies des gens qui l'ont tripoté.

Étape 4: utilisation.

Plus tu utiliseras et te connecteras à son énergie, mieux ce sera.

Je te conseille, avant chaque utilisation, de lui dire en quoi tu aimerais qu'il t'aide aujourd'hui. Et, surtout, pose tes intentions. Une fois, cela suffira.

Maintenant que tu as réalisé ce petit rituel, tu peux te balader avec lui sans souci.

EN CAS DE RUPTURE ?

La pierre a fini son travail énergétique et magique à tes côtés. Mais que se passe-t-il dans votre idylle ?

Plusieurs cas de figure sont possibles :

« Je préfère qu'on reste potes. »

Bon, clairement, celle-ci, c'est celle qui te fait quand même le mieux accepter la situation. Tu vas vouloir essayer de temps en temps de te remettre avec, mais tu vas voir que l'alchimie a changé. Puis, un jour, tu la laisseras sur ton étagère et ce sera la fin de votre idylle sans même que tu t'en rendes compte.

« Je te ghoste. »

Alors lui, si tu ne le trouves plus, que tu as beau refaire les recoins de ton appartement mais qu'il reste porté disparu, sache qu'il a décidé de se carapater pour aider une autre âme dans le besoin, un véritable don Juan.

« Je te brise le cœur. »

Malheur ! Ton caillou s'est brisé et ton cœur par la même occasion, mais comment recoller les morceaux ?

Clairement, il n'y a rien à recoller, car les pierres ne se recollent pas, mais tu peux être content·e, car il est tellement amoureux de toi qu'il a décidé de se fendre en deux pour toi, afin de te donner le double de son amour.

Pour tout ce qui est bracelet, collier ou autre ornement à base de caillou magique, s'il décide de se briser, cela signifie que tu as fini un cycle de ta vie et qu'un nouveau chemin se dessine sous tes pieds.

J'espère que cela t'aide à mieux comprendre votre relation.

Chapitre 4

L'instant présent

« L'HOMME NE PROGRESSE PAS DE L'ERREUR VERS LA VÉRITÉ, MAIS DE VÉRITÉS EN VÉRITÉS, D'UNE VÉRITÉ MOINDRE À UNE VÉRITÉ PLUS GRANDE. »

Swami Vivekananda

L'ancrage, c'est se connecter à la puissance de l'instant présent.

Être ancré·e ou enraciné·e, c'est être relié·e à la terre et présent·e dans chaque moment de la vie quel qu'il soit, accepter ce qui vient à toi et ne laisser de place qu'à l'acceptation et à la confiance en l'univers et en ton âme.

Cela te fait prendre conscience que ton corps et ton âme ne font qu'un et que tout ce que tu vis actuellement a des répercussions sur ton être. Cela permet de t'accepter tel·le que tu es et, surtout, de faire des choses qui te font vibrer.

L'ancrage est important. Il permet d'être présent à ce que l'on fait, de profiter de chaque instant, d'être plus solide pour avancer dans la vie. Car construire sa vie dans le futur, c'est bien, mais commencer à construire sa vie maintenant te permet de vivre ta vie et non de simplement la rêver.

Cela te permet également de ne pas être dans les méandres de ton passé, de comprendre que la vie est un cadeau et que ce n'est pas pour rien que le présent s'appelle « présent ». Le fait de ne pas être assez ancré·e ne te permet pas d'apprécier ce que tu as dans ta vie actuellement.

Manquer d'ancrage peut également engendrer un manque de confiance en toi et affaiblir l'estime que tu as de toi.

Si tu as tendance à être dans l'anxiété et la panique, l'ancrage va t'aider à surmonter les blocages que ton mental met sur ton chemin.

Favoriser l'ancrage te permet également de garder le sens des réalités, donc d'être acteur·rice de ta vie et non figurant·e, et t'aide également à prendre plus de recul sur certaines situations.

Alors, bien entendu, ici, je vais te présenter des pierres qui vont favoriser l'ancrage. Elles vont t'accompagner pour que tu sois plus dans l'instant présent, mais il ne faut pas oublier qu'elles ne feront pas tout à ta place, comme couper ton téléphone trente minutes pour être connecté·e au monde réel.

Comme je suis une femme qui aime le partage, je vais te donner une petite astuce que tu peux réaliser le matin afin de mieux commencer ta journée.

Mise en scène : il est 7h35, tu es déjà réveillé·e depuis dix minutes, tu as les yeux qui commencent à voir plus clair et tu as fait ton pipi du matin.

Je t'invite à te faire un thé, café, tisane, jus, bref, tu as compris, de quoi te raviver le gosier. Mais avant de tremper tes lèvres dans le nectar de ton choix, mets une alarme sur ton téléphone en fonction du temps que tu souhaites t'accorder.

Puis place ton téléphone sur silencieux, sans vibreur, et éloigne-toi de lui.

Et ensuite, seulement ensuite, après avoir fait cela, tu peux commencer à prendre cette pause qui s'impose, une séance d'ancrage simple, mais efficace. Tu peux l'accompagner d'une musique qui te fait vibrer. Apprends à apprécier les moments simples de la vie.

« LE MOMENT LE PLUS IMPORTANT, C'EST LE PRÉSENT, CAR SI ON NE S'OCCUPE PAS DE SON PRÉSENT, ON MANQUE SON FUTUR. »

Bernard Werber

ŒIL-DE-TIGRE

Cette pierre se nomme ainsi, car quand on regarde de plus près, il est vrai que sa ressemblance avec l'œil de ce félin est vraiment frappante. Généralement de couleur brune ou jaune, l'œil-de-tigre attire le regard par ses magnifiques reflets qui accueillent de magiques énergies.

Je te conseille cette pierre pour l'ancrage, car elle va t'aider à te connecter à tes émotions et t'apprendre à leur faire face.

Cependant, cette pierre n'est pas forcément douce, elle est donc à utiliser avec parcimonie. C'est une pierre qui favorise le courage, la confiance en soi et qui va également t'aider à te connecter à l'instant présent. Un peu comme le chat, elle va t'accompagner dans le fait d'attendre le bon moment pour agir.

Cette pierre favorise également à la compréhension, elle t'accompagne à être plus dans le discernement et t'aide à délier des blocages émotionnels. En effet, elle te permet de travailler sur les parts d'ombre qui sont en toi, mais que tu n'acceptes pas. Tout le monde est parfaitement imparfait, alors accueille tes parts d'ombre pour être en équilibre avec tout ton être.

Sa magie est forte et t'accompagne, surtout dans la stabilité et l'équilibre général de ta vie.

Tu peux donc la porter autour du cou, afin d'accentuer cette connexion avec ton cœur et ainsi lui permettre de travailler directement avec tes énergies. Je ne te conseille pas de la porter tout le temps, afin qu'elle ne te « secoue pas trop ».

Tu peux t'accompagner de ses énergies quelques jours avant un rendez-vous important, comme un entretien, un rencard amoureux ou un examen. Si tu le souhaites, tu peux également la prendre durant une période d'introspection afin de te donner du recul et d'accueillir une nouvelle vision dans ce que traverses, mais surtout de te donner la force et le courage de traverser cet instant de ton existence en ayant confiance.

L'énergie de ce caillou magique te permet de te connecter à ta puissance intérieure, à ta détermination, et surtout à ton courage. Il agit comme un miroir et reflète les défauts et les changements à apporter pour trouver son chemin de vie. Pour les hypersensibles ou les personnes qui débordent d'empathie, cet extrait de roche aide à dissocier ses propres émotions de celles de son entourage.

Clairement, cette pierre est parfaite si tu souhaites travailler ton ancrage afin de braver les limites qui t'emprisonnent. Elle t'accompagnera sûrement, mais doucement, vers le renouveau et la connexion avec ton plein potentiel.

« ON PEUT SORTIR UN TIGRE DE LA JUNGLE,
MAIS LA JUNGLE NE QUITTE JAMAIS LE TIGRE ! »

Bill Watterson

JASPE PAYSAGE

Petite information pour briller en société : le jaspe paysage était utilisé à l'époque de la préhistoire afin de concevoir divers outils. Voilà, maintenant, j'espère que cela te fait une belle jambe ! Passons donc à l'explication du pourquoi cette pierre va t'aider à l'ancrage.

Avec sa robe brune, elle t'amène à être dans l'apaisement, ce qui va te permettre de vivre de manière plus paisible. Puisque c'est une pierre de forte connexion et, surtout, d'introspection, tu vas pouvoir travailler à libérer les blessures de ton âme, dans cette vie présente, mais également celles de vies antérieures qui t'empêchent d'être aligné·e.

Cette pierre te permet de te reconnecter à ta propre façon de penser et d'agir. Portée directement sur toi, elle diffusera sa magie pour t'accompagner en créant un véritable bouclier mental, et surtout en empêchant les énergies négatives de venir entraver ton avancée.

Bien entendu, comme les pierres qui aident à l'ancrage, elle va t'aider à mieux appréhender ce qui se passe dans tes émotions et t'apporter une meilleure stabilité émotionnelle. Comme aux hommes préhistoriques, cette pierre va te permettre de forger ton propre outil de développement personnel et spirituel en te permettant de te reconnecter avec simplicité à qui tu es.

La spiritualité est une chose très intime. Ce caillou magique va t'accompagner dans ton réalignement avec ton âme, afin que tu t'écoutes plus et que tu retrouves confiance en ton monde intérieur et toute sa magie.

Grâce à ses belles vibrations, elle harmonise ton aura afin de te permettre plus de facilité d'ancrage, que ce soit durant les séances de médiation ou de connexion avec les mondes subtils. Le jaspe va également te permettre d'évacuer le surplus de tes émotions par le biais de tes mains, *via* le magnétisme, la peinture, le dessin, l'écriture…

Tu peux porter cette pierre lors de tes séances d'ancrage, ainsi qu'en bracelet à ton poignet ou en bague afin de favoriser la connexion entre ton âme et ton corps.

Si tu as tendance à trop rêvasser, cette pierre ne va pas t'aider, car elle accentue le côté rêveur. Par contre, si au contraire tu as du mal avec le lâcher-prise, cette pierre est d'une belle énergie et va te guider vers cette nouvelle ouverture.

« LAISSEZ TOMBER LA CERTITUDE. L'INVERSE N'EST PAS L'INCERTITUDE. C'EST L'OUVERTURE, LA CURIOSITÉ ET LA VOLONTÉ D'EMBRASSER LE PARADOXE, PLUTÔT QUE DE CHOISIR LES BONS CÔTÉS. LE DÉFI ULTIME EST DE NOUS ACCEPTER EXACTEMENT TELS QUE NOUS SOMMES, MAIS SANS JAMAIS CESSER D'ESSAYER D'APPRENDRE ET DE GRANDIR. »

Tony Schwartz

OBSIDIENNE

Cette pierre va t'accompagner à travers la libération et la résilience. C'est clairement la pierre qui t'amènera vers ta vérité intérieure.

On le sait, la vie nous réserve son lot d'épreuves et certaines sont beaucoup plus dures à vivre, tant sur le plan physique qu'émotionnel. Ce caillou magique va t'accompagner dans la prise de bonnes décisions pour toi ; elle élimine les pensées négatives, le stress et l'angoisse de ton esprit pour laisser place à la sérénité.

Tu peux la porter sur toi ou dans ta poche afin de recevoir ses énergies directement.

Si tu es une personne qui a tendance à stresser assez rapidement, cette pierre va absorber les énergies négatives liées au stress, te permettant ainsi de te détendre. Posée dans la chambre, une pierre en obsidienne aide à mieux dormir, d'un sommeil plus paisible et sans contrariétés mentales.

Le fait de t'ancrer et d'être accompagné·e pour cela va également t'aider à reprendre du poil de la bête. Grâce à cette pierre, tu vas manger mieux, avoir un meilleur sommeil et apprendre à te faire plus confiance.

L'obsidienne est une pierre d'une force insoupçonnée qui agit rapidement. Petite chose fort sympathique à savoir : c'est également une pierre qui favorise l'arrêt de toute forme d'addiction. Par exemple, si tu es déjà suivi·e pour une addiction au sucre, à la cigarette ou autre, porter cette pierre au quotidien va t'accompagner dans une vie plus saine.

L'obsidienne est une pierre solitaire, elle a donc tendance à ne pas vouloir être mélangée à d'autres pierres, elle a tendance à neutraliser les énergies qui passent sur sa route. Par contre, la seule pierre à laquelle elle a décidé de jurer fidélité, c'est le cristal de roche ! Ce dernier va faire en sorte d'augmenter le pouvoir de l'obsidienne, il est donc idéal si tu ressens un besoin d'ancrage plus intense ou que tu souhaites une protection plus puissante.

« LES VÉRITÉS QU'ON AIME LE MOINS À APPRENDRE SONT CELLES QU'ON A LE PLUS D'INTÉRÊT À SAVOIR. »

Proverbe chinois

TOURMALINE

Et si tu arrêtais de tourner en rond ? Cette pierre est excellente pour t'aider à t'ancrer et à te mettre dans une belle bulle de connexion avec ton toi intérieur.

Elle va te pousser au fur et à mesure à prendre confiance en toi et à affirmer tes choix, elle t'accompagne également à être plus dans une communication efficace. Si tu as tendance à être enfermé·e dans des schémas limitants, cette pierre est parfaite pour t'aider à briser les chaînes que tu as mises dans ton cerveau, mais également celles que tu as imposées à ton corps. Cette pierre travaille en profondeur, sa magie t'accompagne dans les cycles de ta vie, afin de puiser en toi toutes les richesses et le pouvoir de création que tu possèdes.

Petit à petit, tu vas reprendre confiance en toi et tu vas pouvoir nettoyer, balayer tous les sentiments de tristesse et de mal-être intérieur.

Petits *tips* : je te conseille de mettre cette pierre à l'entrée de ta maison, cela va permettre de protéger ton foyer des ondes négatives et, surtout, de travailler tes énergies dès que tu en auras franchi le seuil.

Si tu as un jardin ou un balcon, tu peux planter une plante ou arbre et mettre la tourmaline en terre. Demande ensuite qu'elle accompagne ta maison dans l'accueil de la paix, de la protection, et surtout qu'elle permette l'équilibre des énergies.

Parmi les plantes et arbres magiques, tu retrouves :

- Le noisetier : lié à la fertilité, à l'amour et aux nouvelles connaissances.
- Le citronnier : accompagne la recherche de paix, aide à la suppression des blocages.
- La lavande : accompagne à l'apaisement, au lâcher-prise, à l'équilibre et à la paix.
- La rose : eh oui, cette éternelle fleur qui est un véritable symbole d'amour va être parfaite à placer dans ta maison. C'est une fleur qui permet de retrouver le calme, le bonheur et la protection.

« CELUI QUI CONNAÎT LA RÉALITÉ DE SON CORPS PARVIENT À APPRÉHENDER CELLE DE L'UNIVERS. »

Ratnasâra

AVENTURINE

On part à l'aventure !
Une belle pierre pour partir à la rencontre de qui tu es réellement, mais surtout t'aider à t'apaiser. Elle est considérée comme une pierre qui donne de la force, de la confiance et de l'assurance. Le fait qu'elle ait un grand pouvoir d'absorption des énergies négatives environnantes est clairement un plus.

L'aventurine est là pour t'aider à libérer ton esprit, et ainsi te permettre d'être toi en pleine conscience.

Tu peux également profiter de l'aventurine en la disposant aux quatre coins de la maison. Cela permettra de régulariser les énergies et d'apaiser et d'accueillir avec plus de simplicité l'ancrage simple de la vie quotidienne.

« IL FAUT TOUTE UNE VIE POUR APPRENDRE À VIVRE. »

Sénèque

Chapitre 5

Et si tu décidais d'ouvrir tes capacités ?

« L'HONNÊTETÉ, LA SINCÉRITÉ, LA SIMPLICITÉ, L'HUMILITÉ, LA GÉNÉROSITÉ, L'ABSENCE DE VANITÉ, LA CAPACITÉ À SERVIR LES AUTRES – QUALITÉS À LA PORTÉE DE TOUTES LES ÂMES – SONT LES VÉRITABLES FONDATIONS DE NOTRE VIE SPIRITUELLE. »

Nelson Mandela

De temps en temps, on a besoin d'un coup de pouce, et cela vaut également pour l'éveil spirituel. Je t'avoue que même en étant médium de naissance, dans certaines périodes de ma vie, certains cailloux m'ont aidée à reprendre confiance en moi et en mes capacités. C'est donc tout naturel pour moi de partager avec toi certaines pierres qui peuvent t'aider à prendre confiance en toi et en tes capacités.

Il faut savoir que nous avons tous en nous des capacités, car nous sommes tous des âmes incarnées, nous avons donc en nous des clés liées au monde spirituel. Cependant, tout le monde n'est pas voué à faire de cet alignement et de ses ouvertures son métier. Il faut savoir qu'avant tout ton développement personnel est lié à ton développement spirituel. Cela va pousser ton âme à travailler sur ses blessures d'hier et d'aujourd'hui pour trouver une paix intérieure. En effet, si tu veux juste avoir un contact avec les défunts parce que tu trouves cela cool et que tu penses que tu vas faire partie des sœurs Halliwell, tu risques d'être fortement déçu·e, crois-moi.

Je pars du principe que tout vient à point à qui sait attendre. Alors n'oublie pas que tout le monde est ici pour un but en particulier, mais tout le monde n'est pas voué à être kiné, proctologue, musicien ou bien curé du village. Mais ce qui est sûr, c'est que chacun a des passions qui le font vibrer et lui permettent de se sentir en paix et serein.

Bon, après ce magnifique pavé, tu es bien entendu libre d'utiliser des cailloux magiques pour t'accompagner dans ton éveil spirituel. Es-tu prêt·e à les découvrir ?

Alors, sors ta baguette magique et dis tout haut : « Tournicoti tournicota, lève la queue et puis s'en va ! » (Important ! Pour que ce sortilège marche, il faut le faire en étant assis·e sur une chaise à poids et avoir bu huit tasses de thé en compagnie du lapin blanc et d'Alice.)

Si malgré cela, ça ne fonctionne pas ou que tu as clairement la flemme (ce que je comprends), tu peux juste tourner la page, en te léchant le doigt ou non.

ŒIL-DE-FAUCON

Cette pierre est juste sublime, elle fut l'une des premières pierres avec lesquelles j'ai ressenti une connexion. Elle se nomme comme cela en raison de sa ressemblance avec l'œil d'un... sanglier. Non, je rigole, avec celui d'un faucon, bien entendu.

Cette magnifique pierre va te permettre de travailler la vision de ton troisième œil soit de manière libre, soit de façon dirigée lors de méditation, voyage astral guidé... Ce qui est important de savoir avec cette pierre, c'est qu'elle travaille avec ton âme sur le long terme. Je te déconseille donc de la mettre dans ta chambre à coucher, mais plutôt de la laisser dans un endroit consacré à ta pratique spirituelle.

En fonction de ce que tu souhaites réaliser comme travail à ses côtés, tu peux tout à fait la mettre en contact avec ton corps afin de t'aider à lâcher prise avec le terrestre et mieux te connecter aux plans subtils.

Tu l'auras compris, elle aide à l'ouverture du troisième œil pour voir aussi loin et clair qu'un faucon, mais elle accompagne également dans le développement de l'intuition et t'aide à retrouver l'équilibre intérieur.

Alors prêt·e à faire le grand saut et à ouvrir ton troisième œil face au monde ?

« À L'INTÉRIEUR DE LA GRAINE DE VOTRE DÉSIR SE TROUVE TOUT LE NÉCESSAIRE POUR LUI PERMETTRE DE S'ÉPANOUIR À SA MISE EN ŒUVRE. ET LA LOI DE L'ATTRACTION EST LE MOTEUR QUI FAIT LE TRAVAIL. VOTRE TRAVAIL EST JUSTE DE LUI DONNER UNE PLACE CROISSANTE FERTILE AFIN QU'ELLE GRANDISSE. »

Abraham

AMÉTHYSTE

Alors, cette pierre, je pense qu'elle fait clairement partie du Top 10 des cailloux magiques que l'on peut trouver un peu partout.

Avant même de découvrir la lithothérapie, j'avais déjà rencontré cette beauté de la nature, mais beaucoup de personnes ont tendance à mettre cette pierre dans la chambre à coucher, la chambre de bébé... sans prendre en considération que cette pierre permet de se connecter aux mondes subtils. Si tu n'as pas conscience de cela et que, toi aussi, tu as placé cette pierre dans ta chambre et que tu dors mal, tu fais des rêves particuliers, tu te réveilles souvent... Je ne vais pas te citer tous les troubles du sommeil, mais sache que cela peut être dû à cette pierre. En effet, elle accompagne à l'éveil spirituel et stimule ta connexion inconsciemment avec les mondes invisibles, ce qui peut fortement perturber ton sommeil. Symboliquement, le violet est la couleur de la magie, de la sagesse, de l'élévation spirituelle, de l'intuition et de la conscience.

Si tu souhaites développer l'ouverture de ton troisième œil, tu peux mettre de l'améthyste directement sur toi sous forme de bague, collier ou, encore plus extravagant, de couronne. Mais je pense que cela va être compliqué à trouver et de plus, je ne suis pas sûre qu'on ait toutes et tous une tête à couronne.

« FAITES CONFIANCE À VOTRE INSTINCT. IL VAUT MIEUX QUE LES ERREURS SOIENT LES VÔTRES PLUTÔT QUE CELLES DE QUELQU'UN D'AUTRE. »

Billy Wilder

MERLINITE

Tu connais Merlin l'Enchanteur ? Mais si, tu sais, le grand monsieur à la barbe et aux cheveux blancs. Mais non, ce n'est pas le père Fouras ! Lui, c'est un véritable magicien et devin... Merlin interprète les signes et lit dans les étoiles. Il devine ce qui est caché et voit l'avenir comme le passé, il connaît l'usage de la magie et l'enseigne.

Pourquoi je te parle de lui, vas-tu me demander. Car, tout simplement, la merlinite est liée directement à ses énergies. Ce caillou magique est en parfaite harmonie avec les quatre éléments : la terre, l'air, l'eau et le feu, ce qui est top pour l'équilibre des énergies.

Le fait d'être accompagné·e de cette pierre va t'aider à te développer spirituellement et surtout à être plus conscient·e de la magie et des énergies qui t'entourent. Elle serait en effet magique et porterait en elle la sagesse des chamans, des alchimistes, des magiciens et des grands maîtres du spiritisme. C'est un peu une des clés qui ouvrent la porte des connaissances intérieures de ton âme. Mystique et magique, elle offre de la chance à quiconque la porte, alors j'ai envie de te dire : n'hésite à t'accompagner de son énergie en dehors de chez toi pour favoriser la chance. Et puis, qui sait, tu trouveras sûrement un trèfle à quatre feuilles.

« JE GARDE MON CŒUR ET MON ÂME ET MON ESPRIT OUVERTS AUX MIRACLES. »

Patrick Swayze

PHRÉNITE

Si tu pratiques les soins énergétiques, cette pierre va t'intéresser. En effet, le fait de porter ce caillou magique sur toi t'empêche d'être affecté·e par les maux et les mauvaises énergies externes. Durant tes séances, tu seras donc préservé·e des projections et des déchets que certains patients peuvent rejeter consciemment ou inconsciemment. Tu seras également plus en connexion avec l'âme de ton ou ta patiente, ce qui va ouvrir plus facilement tes capacités.

En plus de cela, elle va t'aider à être plus serein·e et va t'accompagner à faire plus facilement face aux problématiques de la vie. Tu te débarrasseras également petit à petit de la nostalgie accumulée au fil du temps et, ainsi, tu te libéreras de certains blocages. Si tu as tendance à ne pas être persévérant·e dans ce que tu fais sur le plan professionnel ou autre, sache que cette pierre va t'encourager en structurant tes pensées pour que tu puisses atteindre tes objectifs.

« TOUS LES POUVOIRS DORMENT DANS TON ESPRIT,
COMME LES DIAMANTS DANS LA MINE. IL NE TIENT QU'À TOI
D'Y DESCENDRE, MUNI DE LA LAMPE DE SAGESSE. »

Proverbe indien

ŒIL-DE-CHAT

Alors, non, tu ne vas pas commencer à miauler. Cependant, cette pierre va contribuer à ouvrir ton intuition et ta clairvoyance, mais c'est également une pierre qui va te protéger contre le mauvais œil et les énergies qui rôdent dans la pénombre.

Elle favorise l'intelligence et la créativité, ce qui est très bien si tu décides de te lancer dans la cartomancie, car tu laisseras de côté la lecture de carte pour laisser place entièrement aux images, aux mots ou au ressenti qui viendront à toi. Si tu décides de t'accompagner de cette magnifique pierre quotidiennement, il va falloir que tu la décharges et la nettoies tous les jours afin de te permettre de repartir sur de nouvelles énergies le jour suivant. Tu peux soit lui faire une petite douche de son côté ou la porter sur toi durant ta douche et demander que toutes les énergies accumulées durant la journée soient enlevées.

« LA VIE EST UN DÉFI, RÉPONDEZ-Y ! LA VIE EST UN RÊVE, RÉALISEZ-LE !
LA VIE EST UN JEU, JOUEZ-LE ! LA VIE EST AMOUR, PROFITEZ-EN ! »

Mère Teresa

Je m'aime un peu, beaucoup, à la folie, passionnément et sans jugement.

S'aimer n'est pas chose facile. Que l'on ait eu des parents aimants ou non, il arrive tôt ou tard que l'on se retrouve face à ce sentiment de ne plus être en adéquation avec nous-mêmes. Nous laissons donc place à une version différente de nous en oubliant la principale source de vie chez tout être vivant : l'amour.

Vouloir évoluer dans la vie sans amour n'est pas chose aisée.

Notre corps change, nos habitudes changent, nos relations amoureuses et affectives nous changent et dans tout cela, notre cœur et notre estime peuvent avoir plié bagage devant tout le bordel que la vie a mis sur notre route.

Certains cailloux ne sont pas juste magiques, ce sont de véritables doses d'amour à s'offrir à toute heure et sans limites, alors *go* se shooter aux vibrations de l'amour et apprendre à nous aimer à notre juste valeur.

Nous sommes parfaitement imparfaits et c'est là que réside le véritable amour.

« LE VRAI BONHEUR NE DÉPEND D'AUCUN ÊTRE, D'AUCUN OBJET EXTÉRIEUR. IL NE DÉPEND QUE DE NOUS... »

Dalaï-lama

TOPAZE

Cette pierre favorise la connexion avec ton cœur et ouvre les portes de ta richesse et de ton âme. Tu vas comprendre que chacune de tes épreuves est une belle histoire qui te permet d'avancer avec courage et persévérance. Je te conseille de la porter en collier afin que cela te permette d'exploiter au mieux ses énergies.

« LA SEULE FAÇON DE TROUVER LE VRAI BONHEUR EST DE RISQUER D'ÊTRE COMPLÈTEMENT OUVERT À TOUT. »

Chuck Palahniuk

STROMATOLITHE

Elle permet de libérer les souffrances psychologiques qui sont ancrées en toi. Elle peut te secouer, car elle va mettre en lumière tes parts d'ombre pour comprendre qui tu es, mais surtout prendre conscience des schémas que tu reproduis inconsciemment. Cette pierre fossile te renvoie à l'énergie de l'océan, te met face à tes émotions pour apprendre à mieux les assimiler et ainsi te donner l'amour dont tu as besoin. Elle va te donner une meilleure estime de toi et te permettre de grandir en étant plus serein·e de ton avenir, car tu apprécieras l'instant présent.

« LE CHANGEMENT NE VIENDRA PAS SI NOUS ATTENDONS UNE AUTRE PERSONNE OU UN AUTRE MOMENT. NOUS SOMMES CEUX QUE NOUS ATTENDIONS. NOUS SOMMES LE CHANGEMENT QUE NOUS CHERCHONS. »

Barack Obama

QUARTZ ROSE

Cette pierre bien connue dans le monde de la lithothérapie est un véritable bijou, car ses propriétés t'aideront à être dans la compassion, dans le pardon et dans l'acceptation de soi. C'est une très belle pierre pour l'amour de manière générale. Tu peux la mettre dans ta salle de bains pour favoriser l'acceptation de l'image de ton corps et l'amour que tu lui portes. Elle t'aidera à prendre conscience de l'amour que tu te portes et t'aidera à aller plus loin dans cette démarche.

« POUR CHAQUE BEAUTÉ, IL Y A UN ŒIL QUELQUE PART POUR LE VOIR.
POUR CHAQUE VÉRITÉ, IL Y A UNE OREILLE QUELQUE PART POUR L'ENTENDRE.
POUR CHAQUE AMOUR, IL Y A UN CŒUR QUELQUE PART POUR LE RECEVOIR. »

Ivan Bounine

DIAMANT

Les Indiens la surnomment « fruit des étoiles » et, sincèrement, mon côté « cucul » trouve cela très beau, je dirais même poétique, j'en ai la larmichette à l'œil.

Cette pierre aide à repartir du bon pied lorsqu'il s'agit de reprendre sa vie en main. Elle aide à voir les difficultés de la vie avec plus d'optimisme et aide à combattre les peurs excessives. Le diamant aide à tirer des bienfaits positifs de la vie et ses épreuves, il va te donner la force de faire face aux situations même sous pression et t'aider à réagir avec plus de recul.

Il est déconseillé de le porter tous les jours, car cela pourrait fortement jouer sur ton caractère et ta façon de gérer les situations.

« GÉRER VOS ÉMOTIONS EST UN TRAVAIL INTÉRIEUR. C'EST POURQUOI IL EST IMPORTANT D'APPRENDRE LES TECHNIQUES POUR FAIRE DES AJUSTEMENTS D'ATTITUDES. VOUS POUVEZ ENSUITE DIRIGER VOS ÉMOTIONS PLUS EFFICACEMENT. LE BONHEUR VIENT À TRAVERS DES ÉMOTIONS QUALIFIÉES PAR LE CŒUR. »

Lew Childre

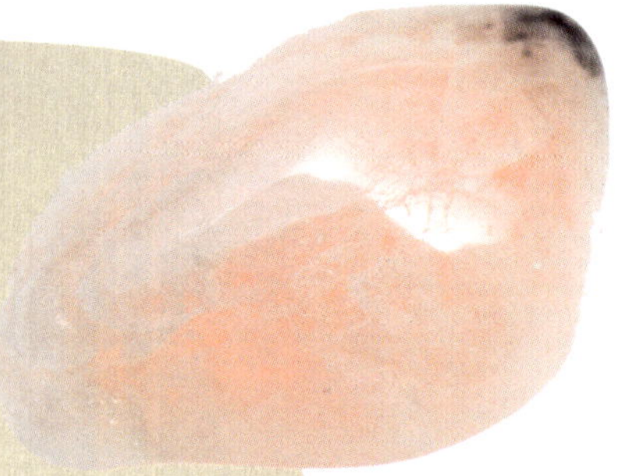

MORGANITE

Ce caillou est vraiment la pierre de l'apaisement, de la douceur et de l'amour de manière générale. Elle permet d'attirer et de renforcer les sentiments que l'on a envers soi, ce qui est parfait si tu as besoin de te réapproprier de l'amour et de continuer sur le chemin qui ouvre à l'amour.

Si tu as tendance à être trop dur vis-à-vis de toi, sache que cette pierre va diminuer le ressentiment et permettre de t'apaiser. Si tu décides d'arrêter de faire ta tête de mule et te donner un peu d'amour et de bonheur, sache que tu peux porter la morganite sur toi quotidiennement sans souci. Elle va également t'aider à favoriser la confiance que tu peux avoir vis-à-vis de toi et ainsi gérer également les situations que tu n'arrives pas à contrôler. Tu peux la disposer dans une pièce de la maison où tu passes du temps en famille comme la cuisine, le salon ou autre. C'est une pierre qui renforce les liens familiaux et qui permet d'apporter une atmosphère beaucoup plus douce dans ta maisonnée.

« NOUS NE CONNAISSONS PAS ENCORE LA FORCE QUE NOUS AVONS JUSQU'À CE QUE NOUS SOYONS OBLIGÉS DE SORTIR CETTE FORCE CACHÉE. AUX TEMPS DE TRAGÉDIE, DE GUERRE, DE NÉCESSITÉ, LES GENS FONT DES CHOSES ÉTONNANTES. LA CAPACITÉ HUMAINE POUR LA SURVIE ET LE RENOUVELLEMENT EST IMPRESSIONNANTE. »

Isabel Allende

Chapitre 6

Du mal à sortir de ta chrysalide ?

Que ce soit la perte d'un être cher, un déménagement, une rupture de contrat ou bien une rupture amoureuse, dans tous les cas, la vie nous oblige à vivre des périodes de transition, et c'est en acceptant de mourir le temps d'un instant que tu réussiras à renaître sur un nouveau chemin.

Certaines personnes n'arrivent pas à relativiser et ont du mal à passer à autre chose dans leur vie, c'est tout à fait normal. Parce que quand on met du temps, de l'énergie et de l'amour dans ce que l'on fait, on a du mal à abandonner, mais je vais te dire quelque chose, ma petite Paulette et mon petit Germain, tu n'abandonnes rien ! Justement, tu connais ta valeur et tu sais qu'il est temps pour toi de passer à autre chose dans ta vie.

Les cailloux magiques vont t'aider à surmonter certaines phases de ta vie que l'on nomme communément dans le monde spirituel une « phase d'introspection ». N'oublie pas qu'avant de devenir un papillon, tu es avant tout une chenille et que celle-ci a besoin de ce temps de pause et de repli sur soi à travers sa chrysalide pour renaître et montrer qui est la *queen* dans ce monde !

Ici, je vais te présenter un petit top des pierres qui t'aideront à accéder à une renaissance plus rapidement et laisser briller le soleil sur tes ailes de papillon ou de fée, au choix.

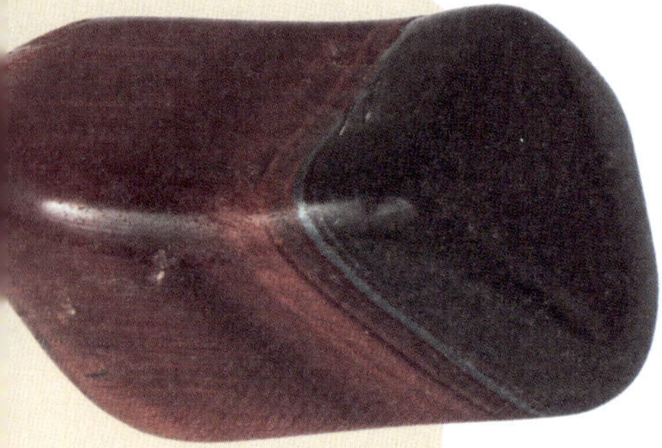

ŒIL-DE-TAUREAU

Ce caillou magique va servir de bouclier contre les mauvaises énergies, tu peux le porter directement sur toi, ce qui va te protéger également des personnes néfastes pour toi.

Il faut savoir que cette pierre a une force insoupçonnée, car elle accompagne les deuils et les ruptures. Si tu connais quelqu'un qui est au fond du seau, n'hésite pas à lui offrir ce petit caillou magique. D'une part, cela lui fera fortement plaisir que tu aies cette attention. D'autre part, cela lui permettra d'avancer et de surmonter cette difficulté.

Bien entendu, si c'est toi qui es au fond du seau, tu peux également t'offrir un petit œil-de-taureau sans aucun souci.

Une fois connecté·e à l'énergie de cette pierre, tu te sentiras une force insoupçonnée et tu continueras encore et encore à te battre pour toi, pour tes projets, pour l'estime de toi et tu apprendras à te relever et à porter un nouveau regard sur la vie.

« ESCALADEZ LA MONTAGNE, NON PAS POUR PLANTER VOTRE DRAPEAU, MAIS POUR RELEVER LE DÉFI, PROFITER DE L'AIR ET CONTEMPLER LA VUE. GRIMPEZ DESSUS POUR VOIR LE MONDE, ET NON POUR QUE LE MONDE PUISSE VOUS VOIR. »

David McCullough

OPALE ROSE

Ce caillou magique est considéré comme la pierre parfaite quand tu viens de perdre une personne chère à ton cœur. Elle t'aidera à stabiliser tes émotions. C'est une pierre d'espoir et de guérison. Tu peux donc la porter en collier afin qu'elle soit directement connectée à ton cœur, car c'est là où elle va jouer toute la mécanique et la symphonie qui émane de sa magie.

Elle va t'aider à guérir tes blessures émotionnelles, mais également t'apprendre au fur et à mesure à abandonner tous les traumatismes des émotions du passé, afin d'évoluer et d'avancer en paix, dans ton présent et également dans ton avenir.

Je te conseille de la laisser en dehors de ta chambre à coucher, car elle travaille beaucoup sur le subconscient et risque de venir perturber ton sommeil.

« TOUT CE QUE L'ON SÈME NOUS REVIENT MULTIPLIÉ UN JOUR OU L'AUTRE ET NOUS CONSTRUIT OU DÉTRUIT EN FONCTION DE L'AMOUR QUE NOUS Y AURONS MIS. »

Joéliah

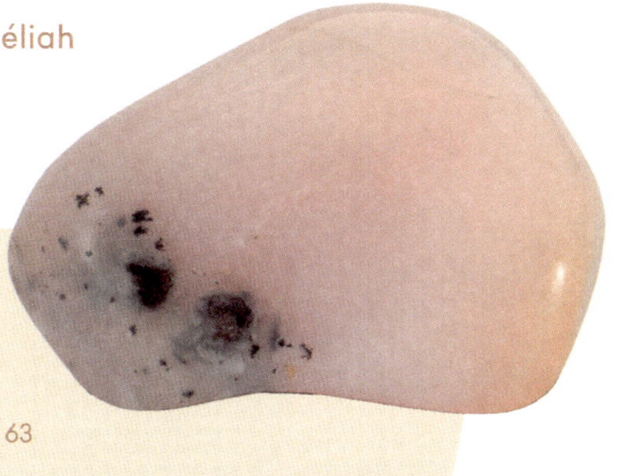

SUGILITE

Sache que ce caillou, en plus d'être magique, va en premier lieu te protéger des énergies négatives afin que tu puisses papillonner sans aucun souci.

Cette pierre est également nommée « pierre de l'amour », car elle améliore l'amour que tu te portes en soignant les blessures émotionnelles et les cœurs brisés. En plus de t'aider à te libérer, elle t'accompagne également à contrôler les sentiments que tu peux vivre comme la jalousie, la colère, l'injustice... Elle va te permettre de vivre, tout simplement.

Une véritable métamorphose se produira à l'intérieur de ton être, afin de laisser toute la magie de ton âme rayonner.

« AIMER, C'EST L'ART D'ÊTRE AVEC D'AUTRES. MÉDITER, C'EST L'ART D'ÊTRE EN RELATION AVEC SOI-MÊME. LAISSEZ L'AMOUR ET LA MÉDITATION ÊTRE VOS DEUX AILES. »

Osho

ANGÉLITE

Cette pierre, en plus d'être sublime, est un véritable atout quand tu vis des épreuves difficiles. Elle va t'aider à te reconnecter à ton âme, à ton chemin intérieur et t'apporter toute sa protection.

Plus tu la porteras près de toi, plus tu ressentiras la sécurité et la plénitude envahir ton quotidien. Tu peux la mettre dans ta chambre pour retrouver un sommeil réparateur. En plus de t'ouvrir ton âme et de retrouver confiance en la vie, elle t'ouvrira au monde extérieur afin de te permettre de trouver ta place dans la société.

C'est également une pierre que tu peux offrir à une jeune maman, car elle favorise la montée de lait et la mise en place de l'allaitement, pour celles qui souhaitent passer par ce procédé-là. Elle accompagne la découverte de ces deux âmes en aidant à trouver du calme et de la sérénité, autant pour la jeune maman que pour le bébé qui vient d'arriver sur Terre.

« ON DIT QUE LE TEMPS CHANGE LES CHOSES, MAIS EN FAIT LE TEMPS NE FAIT QUE PASSER ET NOUS DEVONS CHANGER LES CHOSES NOUS-MÊMES. »

Andy Warhol

CHRYSOPRASE

Cette pierre est vraiment la pierre symbolique de la métamorphose, car elle accompagne les transitions de la vie comme les grands changements personnels ou professionnels.

Elle va t'apporter de la compassion vis-à-vis de toi-même et ainsi te permettre de lâcher prise avec ce qui arrive sur ton chemin. Elle va également t'aider à ouvrir les portes aux autres et ainsi te permettre d'ouvrir de nouvelles connexions avec le monde. La chrysoprase favorise l'épanouissement personnel et guérit l'âme si tu la portes régulièrement.

Plus tu la porteras près de toi, plus cela t'aidera à apaiser la colère, l'injustice ou tout autre sentiment négatif qui t'empêche

d'avancer et d'évoluer. Ce qui est bien, c'est que cette pierre va t'aider à comprendre qui tu es, en te faisant prendre conscience de tout ton chemin en tant qu'âme, afin d'accueillir en paix ce changement de vie. Cela va te permettre de comprendre que tu es acteur·rice de tout ce changement qui est en train de s'opérer. Chacun des pas qui t'a amené·e ici et les prochains pas que tu feras seront enclins au changement, mais c'est à toi de choisir vers quel chemin tu souhaites évoluer et avancer.

« LA CRÉATIVITÉ EST UNE FLEUR QUI S'ÉPANOUIT DANS LES ENCOURAGEMENTS, MAIS QUE LE DÉCOURAGEMENT, SOUVENT, EMPÊCHE D'ÉCLORE. »

Alex F. Osborn

BRONZITE

La pierre de bronzite va t'aider à retrouver une paix intérieure, mais également à régler en douceur tous les blocages physiques et émotionnels que tu peux avoir dans ce passage à vide. Le fait de te délivrer des situations qui te bloquent va te permettre de reprendre le contrôle de ta vie, de retrouver également une énergie psychologique et ainsi te permettre de prendre de meilleures décisions.

En plus de t'apporter du courage afin de concrétiser tes objectifs et tes rêves, elle va également t'apporter le respect de toi-même pour devenir une meilleure version de ton être. Car renaître de ses cendres, c'est bien, mais renaître comme un phénix, c'est dix fois mieux.

Il faut savoir que c'est une pierre que tu peux porter assez régulièrement sur toi, surtout si tu as beaucoup de charge mentale, car elle va t'aider à faire le tri entre ce qui est nécessaire à faire rapidement ou non. En plus de lutter contre les pensées négatives, elle va t'apporter un meilleur sang-froid, alors n'hésite pas à la porter tout contre toi assez régulièrement.

« JE GARDE MON CŒUR ET MON ÂME ET MON ESPRIT OUVERTS AUX MIRACLES. »

Patrick Swayze

Chapitre 7

Trop d'émotions ?

« LES FORTES ÉMOTIONS NOUS APPORTENT EN UN INSTANT CE QUE NOUS AURIONS MIS DES ANNÉES À DÉCOUVRIR. »

René Chicoine

Marre d'être un vase complètement fêlé qui laisse toutes ses émotions sortir par toutes les failles ?

Et si toutes ces vagues d'émotions te permettaient justement d'accepter tes failles et chacune de tes émotions comme des guides et non que tu les considères comme une prison ou une chose horrible à subir ?

Oui, je sais, je suis chiante à poser ses questions, car j'appuie sur ce qui peut déranger, mais on a tous en nous un côté masochiste.

Il faut que tu saches que tes émotions sont là pour te faire passer un message et te faire accepter une de tes failles pour que tu puisses grandir et évoluer.

Bon, certes, je suis un peu relou, mais je peux être sympa également. Regarde, je vais même te faire une petite liste des émotions auxquelles tu peux faire face et de leurs significations, cachées ou non :

Injustice : manque de reconnaissance

Ce manque de reconnaissance t'interroge sur ce que tu attends de l'autre et, surtout, en quoi cela rend ta vie meilleure. Qu'attends-tu des personnes ou des normes sociales ? Qu'elles te disent que tu fais le bien, et que toi aussi tu as le droit à la même chose que ta voisine ? Ou tu comptes prendre les choses en main en comprenant que toi seul·e peux donner de la légitimité à ton travail et que toi seul·e peux te féliciter pour chacune de tes victoires, car seul·e toi connais la vraie valeur de ton travail ?

« LA BRAVOURE REND TOUT POSSIBLE, CAR ELLE SUPPRIME LA JUSTICE ET L'INJUSTICE. »

Guy Maheux

Jalousie : sentiment de devoir se protéger

Ah là là, cette émotion-là, elle se glisse partout, et quand elle surgit, tu sens que tu dois protéger une situation ou te protéger toi-même, mais pourquoi ?

En général, ce sentiment intervient quand tu sens que tu es face à un·e rival·e, mais de quoi as-tu peur en réalité ? Qu'on t'aime moins ou qu'on ne t'apprécie plus comme avant ? Mais arrives-tu à t'aimer toi-même comme il se doit, arrives-tu à donner et à recevoir de l'amour d'une manière plus saine ?

Si tu es dans une période d'insécurité, peu importe le domaine de ta vie, cela va te pousser dans tes retranchements et donc te conduire à penser que la seule possibilité est de te battre pour ce que tu as. La jalousie est un mélange d'émotions comme la colère, la tristesse, la frustration... Pour essayer de surmonter au mieux ce sentiment, il faut que tu comprennes la cause de ce sentiment et l'état dans lequel il te met. Ressens-tu de la frustration ? De la colère ? De la tristesse ? Ensuite, comment peux-tu te détacher de cette situation ? Reprends confiance en toi et en ton pouvoir de création, car tu es capable d'évoluer et d'aller plus loin que tu ne penses aujourd'hui ! Certes, ce n'est pas simple, mais pas à pas, tu vas conquérir ton monde intérieur, et être aligné·e avec qui tu es. Toutes ces émotions ne seront plus qu'un lointain souvenir.

Le syndrome du fantôme suiveur des moutons : trouver sa lumière intérieure

Pas simple de savoir qui tu es quand tu as l'habitude de suivre les personnes qui pensaient te mettre dans des cases pour ton bien. Sortir des sentiers battus pour se dévoiler jour après jour aux yeux de son âme et du monde, et surtout aux yeux de ceux qui ont créé ton monde, n'est pas simple. Mais même si tu as la sensation que tu n'es qu'une imposture, une page vierge, que tu es inexistant·e, que tu culpabilises… sache que tu es capable de déchirer toutes ces toiles que l'on a tissées autour de toi afin de laisser briller ton soleil intérieur et de faire jaillir la beauté de ton âme.

(Je sais être poète quand je veux.)

Cela prendra du temps, mais le temps est ton plus bel allié. Rappelle-toi que tu as tout ton temps pour lâcher une à une tes croyances limitantes et faire de ta vie un réel bonheur.

Bon, je vais m'arrêter là, car je ne suis pas en train de faire une thèse sur les dérives de nos âmes, mais plus un guide pour choisir au mieux le caillou magique qui t'accompagnera dans ton cycle de vie.

CÉLESTINE

Cette pierre est juste magique, elle est bénéfique autant pour les jeunes enfants que pour les adultes qui ont besoin de se connecter à leurs enfants intérieurs.

Au niveau de ses énergies, elle apporte calme et apaisement. Tu peux tout à fait la mettre dans ta chambre ou celle de ton enfant, bébé, adolescents ou autres, car cela apaise les crises d'angoisse. Elle a également un effet très bénéfique sur le bannissement des oppressions que tu peux ressentir, mais également des contraintes que toi ou la société avez pu vous mettre dans la tête, consciemment ou non.

Je ne sais pas si tu as lu le petit encart plus haut où je parlais de certaines émotions, mais si tu ne l'as pas fait, n'hésite pas à retourner la page. Cette pierre va également t'aider à combattre le syndrome du fantôme suiveur des moutons, ce qui te permettra de prendre plus confiance en toi et d'effacer au fur et à mesure ton sentiment d'inutilité et d'incapacité. Elle favorise l'imagination, ce qui va te permettre d'apprendre à libérer le surplus de tes émotions et de ne pas les laisser déborder, les laisser être telles qu'elles sont sans jugement ni règles.

Si tu souhaites pouvoir évacuer le surplus des sentiments qui inondent ton âme, n'hésite pas à acquérir de quoi laisser ton côté artistique ressortir ou inscris-toi dans un atelier d'art plastique ou d'art-thérapie[1]. La célestine va également t'aider à communiquer et laisser place à une meilleure interprétation des sentiments qui viennent à toi, et ainsi accueillir petit à petit l'amour de soi et des autres. Sache que c'est une pierre qui se nomme également « pierre des Anges », car elle est beaucoup utilisée dans certaines pratiques spirituelles afin d'être en communion avec ton être, ton âme et l'univers.

« LA JOIE DE VIVRE EST UNE ÉMOTION CONTAGIEUSE. »

Edward Wynot

1. L'art-thérapie, comme toute thérapie, est un accompagnement du travail d'un sujet sur lui-même, une « autothérapie » que le sujet fait à travers ses productions soutenues par l'art-thérapeute. Celui-ci permet que ces productions issues de la personne tracent un parcours symbolique vers un « être davantage » qui comprend forcément un « aller mieux » (note de l'autrice).

ARAGONITE

Cette pierre, en plus de sa forme particulière et surprenante, est superbe si tu vis une période de transition, que ce soit une période qui dure ou qui a pris place dans ta vie il y a peu.

Cette pierre magique va te permettre de dissiper le brouillard qui s'est immiscé dans ton quotidien. Elle va t'aider à relativiser et te permettre de retrouver le sens de ta réalité, de prendre du recul sur ce que tu vis. Elle t'aide à prendre de la hauteur sur ta vie pour te permettre de remettre les pieds sur terre et retrouver un équilibre émotionnel et psychologique. Tu peux la laisser dans ta pièce de vie, car, grâce à ses belles vibrations, elle va rendre ton esprit plus calme et harmoniser les énergies ambiantes.

Si tu es hypersensible, sache que tu peux la mettre proche de toi afin de t'aider à mieux appréhender tes émotions et les gérer. Tu peux également mettre cette pierre dans une chambre d'enfant, pas à sa portée, on est bien d'accord, car ce n'est pas un jouet et cela peut être dangereux s'il l'ingère ou autre, bon je vais pas te faire le B.A.-BA des bébés et les dangers qui les entourent, mais en gros, mets le caillou magique en hauteur. Si tu as une journée complexe et remplie d'émotions diverses, n'hésite pas à mettre cette pierre sur ton cœur et de t'endormir avec sa puissance, cela va te permettre de te réveiller en étant plus serein·e. Il sera bientôt celui qui remplacera ton ex, ton *crush* du moment et encore mieux, il apaisera ton cœur avec tellement d'amour que tu ne te sentiras plus pris·e de fièvre acheteuse. Fini les paniers sur Internet validés à trois heures du matin et les conversations avec des personnes sans intérêt la nuit. Tu vas enfin goûter au bonheur d'être apaisé·e et de ne plus combler tes manques affectifs par des bêtises à trois francs six sous.

Bon, même si tu craques de temps en temps pour des achats en ligne en pleine nuit ou autre, je ne t'en voudrai pas. Par contre, ne dis pas à ton banquier que c'est la faute de ton caillou magique qui était HS cette nuit-là.

« PROFITE DE CHAQUE MINUTE DE TA VIE. SOIS HEUREUX MAINTENANT. N'ATTENDS PAS POUR TE FAIRE PLAISIR. RAPPELLE-TOI QUE LE TEMPS EST VRAIMENT PRÉCIEUX. CHAQUE MINUTE QUE TU PASSES AVEC TA FAMILLE OU TES AMIS DOIT ÊTRE APPRÉCIÉE ET SAVOURÉE. »

Earl Nightengale

PREHNITE

C'est une pierre qui empêche d'être affecté·e par les mots ou les mauvaises énergies externes, sur le plan physique aussi bien qu'émotionnel. Elle est très utile pour te protéger des énergies qui ne t'appartiennent pas. Elle permet également de lutter contre ses peurs et ses angoisses et éloigne les mauvais rêves.

C'est une pierre qui te permettra de clarifier tes idées et de mettre de l'ordre dans tes projets, ce qui peut être tout à fait utile pour des personnes qui manquent de dynamisme ou de courage. Elle structure les pensées et aide à atteindre ses objectifs. Elle favorise également la prise de conscience et l'acceptation de soi. Elle développe la joie de vivre et l'optimisme, elle incarne des valeurs de respect et d'acceptation qui font d'elle une très bonne pierre sur le plan social, donc c'est parti pour se faire de nouveaux amis. Elle calme le mental trop fort. Idéale pour les personnes qui se sentent toujours agressées en allant pacifier leur propre colère, BIG UP aux Scorpion, enfin surtout à mon petit frère. Je t'aime, mais calme ta joie.

La prehnite est considérée comme une pierre de « soin » et assure une puissante protection à son porteur. Bénéfique pour l'âme, elle calme l'esprit, notamment lors des situations tendues, OK, Natacha ? C'est une pierre qui va se construire à travers toi afin de te donner toute sa belle énergie avec le temps. Il ne faut pas que tu sois pressé·e, car ce n'est pas un caillou facile. Eh oui, même les cailloux magiques ont leur caractère ! Ce n'est pas lors de son premier *date* avec elle que tu vas réussir à atteindre tes objectifs. Il va falloir travailler sur la durée avec elle si tu souhaites construire une relation durable.

« LA LEÇON ESSENTIELLE QUE J'AI APPRISE DANS LA VIE EST D'ÊTRE VOUS-MÊME. CHÉRISSEZ L'ÊTRE MAGNIFIQUE QUE VOUS ÊTES ET RECONNAISSEZ D'ABORD ET AVANT TOUT QUE VOUS N'ÊTES PAS ICI SEULEMENT COMME UN ÊTRE HUMAIN. VOUS ÊTES UN ÊTRE SPIRITUEL AYANT UNE EXPÉRIENCE HUMAINE. »

Wayne Dyer

PIERRE DE SOLEIL

Elle est communément appelée « pierre de soleil » ou « héliolite », en raison de son scintillement évoquant les reflets du soleil. Elle chasse la morosité, la tristesse, le repli sur soi, les blocages émotionnels, les inquiétudes, bref, tout ce qui t'empêche d'avancer et d'être en paix. La pierre de soleil a pour principales caractéristiques la chaleur et l'optimisme qu'elle dégage. Elle fait tomber les barrières psychologiques que l'esprit se crée pour faire place à la confiance en soi. Si tu décides de la porter assez régulièrement sur toi, elle t'apportera de la chance et favorisera les ambitions personnelles en chassant les complexes. Tu peux la mettre dans ta chambre la nuit, car elle va t'apporter de la protection et t'aider à retrouver un sommeil paisible en le purifiant. Petit plus : si tu décides de l'avoir sur toi, elle est réputée pour porter chance à celui ou celle qui la détient, donc petit point en plus pour cette pierre que je trouve tout bonnement sublime ! Elle favorise également les relations amicales et chaleureuses, donc si tu es de nature renfermée ou que tu as du mal à faire des rencontres, n'oublie pas que cette pierre peut t'aider à t'ouvrir au monde. La pierre de soleil est

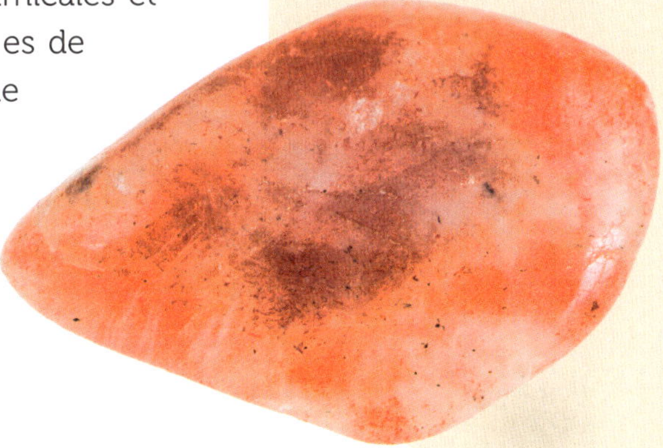

revigorante et efficace contre la paresse, donc, si tu as un poil dans la main ces derniers temps, tu peux prendre ce caillou à la place pour retrouver du peps et ainsi reprendre le cours de ta vie. Alors, ta fiche de paie avec ton salaire en fin du mois, c'est quand même sympa pour profiter d'un restaurant entre potes ou en famille.

« VOUS GAGNEZ DE LA FORCE, DU COURAGE ET DE LA CONFIANCE AVEC CHAQUE EXPÉRIENCE DANS LAQUELLE VOUS VOUS ARRÊTEZ VRAIMENT POUR REGARDER LA PEUR DANS LES YEUX. VOUS ÊTES EN MESURE DE VOUS DIRE : "J'AI VÉCU CETTE HORREUR. JE PEUX GÉRER LA PROCHAINE CHOSE QUI M'ARRIVE." »

Eleanor Roosevelt

UNAKITE

Cette pierre va te permettre de te dépasser, de surmonter tes échecs, mais surtout de te libérer du passé et des événements traumatisants. Elle va t'aider à laisser derrière toi les émotions et les souvenirs négatifs et faciliter le dialogue intérieur et la remise en question. L'unakite permet aussi d'apprendre à relativiser sur les situations et à prendre du recul, ce dont on a tous besoin à un moment ou à un autre.

Cette pierre est super intéressante si tu es en pleine introspection spirituelle ou que tu as décidé de prendre soin de ta santé mentale en faisant appel à un ou plusieurs spécialistes. Voir des professionnels de santé psychologique n'est en aucun cas une tare, le fait d'aller dans un lieu de parole pour évacuer un surplus d'émotions sera bénéfique par la suite. L'unakite va, quant à elle, accélérer le procédé de fin de cycle afin d'ouvrir les portes à une renaissance profonde. Elle a un bienfait très utile pour les personnes qui ont tendance à se dévaloriser à la suite d'erreurs ou d'échec dans n'importe quel domaine. Si tu ressens un manque d'estime, n'hésite pas à porter une pierre contre ta peau régulièrement, en bijou ou dans ta poche de pantalon pour plus de discrétion. Elle a également la vertu d'aider à guérir les chagrins, les peines de cœur et les déceptions amoureuses. Si tu es une femme, je te propose de l'essayer sous forme d'œuf de *yoni*, ce qui permettra également de faire du nettoyage dans ton portail énergétique féminin.

« L'ACCEPTATION NE SIGNIFIE PAS LA RÉSIGNATION : CELA SIGNIFIE DE COMPRENDRE QUE QUELQUE CHOSE EST CE QU'IL EST, ET QU'IL DOIT Y AVOIR UN MOYEN DE LE TRAVERSER. »

Michael J. Fox

LÉPIDOLITE

Cette pierre va t'apporter de la paix et de la sérénité. Elle va également apaiser les pensées négatives, la tristesse et les angoisses, mais va surtout t'aider à te propulser plus loin au niveau de tes énergies. La douceur qui émane de sa belle robe est incroyable. En plus de te permettre de retrouver un calme intérieur, elle va t'aider à te recentrer sur toi et à prendre tes propres décisions. Cette pierre te permet également d'avoir un meilleur sommeil, soulage du stress et te permet d'être moins impacté·e par les énergies ambiantes. C'est une superbe pierre magique qui aide à ne plus avoir peur et qui soulage certaines phobies. En plus d'être un stabilisateur émotionnel, elle aide à apporter de nouveaux objectifs dans ta vie de manière générale. Si tu as tendance à être inquiet·ète à la moindre mouche qui pète ou au moindre Parisien qui débarque en Bretagne

ou dans la Sud dès qu'il fait beau, ce caillou magique va te permettre de te détendre et de relativiser. Eh oui, car, même toi, tu pars aussi en vacances à Paris.

La lépidolite ouvre en douceur tout ce qui est lié au cœur, cela va aussi te permettre de faire un travail sur le domaine des sentiments, qu'ils soient amoureux ou liés à une blessure du passé. Tu vas réussir à travers cette pierre à prendre du recul afin d'ouvrir les portes à un renouveau émotionnel.

« TOUS LES POUVOIRS DORMENT DANS TON ESPRIT, COMME LES DIAMANTS DANS LA MINE. IL NE TIENT QU'À TOI D'Y DESCENDRE, MUNI DE LA LAMPE DE SAGESSE. »

Proverbe indien

Chapitre 8

Un coup de pouce pour accéder à l'abondance ?

On le sait bien, nous avons beau faire les meilleurs efforts du monde, de temps en temps nous avons quand même besoin d'un coup de pouce pour accéder à l'abondance. Et si un joli caillou magique pouvait t'aider à ouvrir le coffre-fort de l'abondance ? Abondance générale ou financière, à toi de voir ce vers quoi tu préfères te diriger. Attention, demander un coup de pouce ne veut pas dire que tu dois arrêter tous les efforts que tu fournis.

« IL FAUT QUE LA BOUCHE PARLE SELON L'ABONDANCE DU CŒUR. »

Fénelon

ABONDANCE FINANCIÈRE

Nous avons tous besoin d'un coup de pouce sur le plan financier, que cela soit pour accéder à un projet ou à un rêve que l'on souhaite réaliser. Voici les pierres que tu peux mettre dans ton sac ou ton porte-monnaie. Tu peux également placer un chèque d'abondance dans ce dernier pour accueillir avec plus de facilité la connexion avec la source d'argent.

PYRITE

C'est la pierre parfaite pour ouvrir les portes à l'abondance sur le plan financier. Avec cette pierre, plus tu travailleras ton pouvoir de visualisation, plus elle fera en sorte d'acter ta vision dans le matériel. C'est l'une des pierres les plus couramment utilisées pour créer l'attraction à l'argent. Elle aide également à dénouer les soucis financiers et à acquérir de l'argent durablement. Petit plus : si tu travailles avec la pyrite sur le long terme, elle t'aidera à gagner en sagesse en ayant un rapport plus sain à l'argent.

« NE JAMAIS SE FIXER DES LIMITES, ALLER APRÈS VOS RÊVES, N'AYEZ PAS PEUR DE REPOUSSER LES LIMITES. ET DE RIRE BEAUCOUP — C'EST BON POUR VOUS ! »

Paula Radcliffe

AGATE MOUSSE

Ça va mousser pour toi au niveau des pépètes, car si tu décides de jeter ton dévolu sur cette pierre, tu vas pouvoir te concentrer correctement sur tes projets et semer les fruits de ton dur labeur pour ensuite récolter en abondance. Elle aide également à ne plus reproduire les erreurs du passé et cela même sur le plan financier, ce qui va te permettre de dépenser autrement. Elle est considérée comme un porte-bonheur, n'hésite pas à la mettre régulièrement à ton contact.

« CHAQUE GRAND RÊVE COMMENCE PAR UN RÊVEUR. RAPPELEZ-VOUS TOUJOURS, VOUS AVEZ EN VOUS LA FORCE, LA PATIENCE ET LA PASSION D'ATTEINDRE LES ÉTOILES POUR CHANGER LE MONDE. »

Harriet Tubman

CITRINE

Peu de gens le savent, mais la citrine a un petit surnom qui est « pierre de l'argent ». Elle accompagne dans le fait d'avoir de l'argent plus rapidement, si tu es chef·fe d'entreprise, peu importe si c'est d'une grosse boîte ou d'une microentreprise, car cela fonctionne pour ceux qui le désirent. Tu peux mettre une citrine à l'endroit où se trouve ton argent : bureau, coffre... En plus de cela, la citrine favorise la bonne humeur et les bonnes *vibes*, tu peux la porter sur toi directement. Pourquoi s'en priver ?

« CELUI QUI CHANTE VA DE LA JOIE À LA MÉLODIE,
CELUI QUI ENTEND, DE LA MÉLODIE À LA JOIE. »

Rabindranàth Tagore

JADE VERT

Cette pierre est parfaite si tu souhaites établir une longévité financière ou te procurer du matériel qui coûte bonbon. Elle apporte la confiance et la sagesse, ce qui te permettra de rester sur une ligne favorable à l'abondance financière. Par contre, elle ne va pas t'accompagner pour avoir de l'argent facile, mais te pousse à te retrousser les manches pour arriver à trouver ta propre mine d'or.

« FAITES INFUSER VOTRE VIE AVEC L'ACTION. N'ATTENDEZ PAS QU'ELLE SE PRODUISE. IL FAUT LA CRÉER. TRACEZ VOTRE PROPRE AVENIR. FAITES VOTRE PROPRE ESPOIR. FAITES VOTRE PROPRE AMOUR. ET QUELLES QUE SOIENT VOS CROYANCES, HONOREZ VOTRE CRÉATEUR, NON PAS EN ATTENDANT PASSIVEMENT LA GRÂCE QUI DESCEND DU CIEL, MAIS EN FAISANT LE PLUS POSSIBLE POUR CRÉER LA GRÂCE... VOUS-MÊME, EN CE MOMENT, JUSTE ICI SUR LA TERRE. »

Bradley Whitford

PÉRIDOT

Ce caillou magique est connu grâce à son pouvoir d'attraction sur le plan financier, mais également celui de la prospérité et de la chance. Il permet de faire partir toutes les influences négatives qui nuisent à ta future fortune. Tu peux le porter directement sur toi sans souci. En plus de ses effets magiques sur le plan financier, c'est une pierre qui réduit le stress et la fatigue, elle aide à augmenter sa confiance en soi, mais également l'estime de soi. Bref, de quoi être le futur Elon Musk et acheter une jolie Ford Mustang de 1964 cabriolet pour faire la route 66 aux États-Unis ou bien aller visiter le Juras, vivre en étant libre, tout simplement. C'est ce que je souhaite à tout le monde !

« LE SUCCÈS N'EST PAS UN HASARD. C'EST LE TRAVAIL ACHARNÉ, LA PERSÉVÉRANCE, L'APPRENTISSAGE, L'ÉTUDE, LE SACRIFICE ET SURTOUT, L'AMOUR DE CE QUE VOUS FAITES OU APPRENEZ À FAIRE. »

Pelé

ABONDANCE GÉNÉRALE

En règle générale, nous n'accédons globalement pas à l'abondance, car nous avons peur de sortir de nos zones de confort et de manquer. En fin de compte, nous mettre des barrières mentales nous emprisonne et nous empêche d'être réellement dans l'abondance que la vie nous offre, de vivre et de profiter.

« CERTAINS DE NOS CHOIX IMPORTANTS ONT UNE ÉCHÉANCE. SI L'ON TARDE À PRENDRE UNE DÉCISION, L'OCCASION PEUT DISPARAÎTRE À JAMAIS. PARFOIS, NOS DOUTES NOUS EMPÊCHENT DE FAIRE UN CHOIX QUI IMPLIQUE DU CHANGEMENT. ON PEUT ALORS MANQUER UNE OCCASION. »

James E. Faust

MALACHITE

Elle accompagne aux dépassements des limites et permet de sortir de ta zone de confort. Quand tu sors de ta bulle de confort, de nouvelles portes, liées à l'abondance générale, s'ouvrent à toi, car tout est nouveau, les possibilités sont donc illimitées. Pourquoi ai-je mis ce caillou magique ici ? Car il aide à prendre les meilleures décisions. Si tu apprends à te faire confiance par le biais de la malachite, les portes d'une nouvelle abondance sont au creux de tes mains.

Sésame, ouvre-toi !

« LA DÉFAILLANCE EST LA CLÉ DU SUCCÈS : CHAQUE ERREUR NOUS APPREND QUELQUE CHOSE. »

Morihei Ueshiba

HÉMIMORPHITE

En plus d'attirer la chance, la monnaie, elle te connecte à de belles vibrations, ce qui va te permettre d'ouvrir les portes à l'abondance de manière générale. Si tu sens que tu es dans une grande période d'introspection et de changement, ce caillou sera parfait pour toi. Il va t'aider à être plus cadré·e dans tes énergies, te motiver à faire tout ce qui t'empêche d'avancer comme les papiers, les factures ou autres. Cette pierre t'empêche d'être dans la procrastination et te donne les moyens de réussir par tous les moyens.

« CROYEZ EN VOUS-MÊME ET IL VIENDRA UN JOUR OÙ LES AUTRES N'AURONT PAS D'AUTRE CHOIX QUE DE CROIRE EN VOUS. »

Cynthia Kersey

ÉMERAUDE

C'est une pierre très intéressante à utiliser, car elle accompagne dans toutes les phases qui conduisent à l'abondance. En effet, avant d'accueillir une renaissance dans ta vie, il faut que tu apprennes à laisser partir tout ce qui n'a plus lieu d'être. Vouloir recevoir sans donner n'est pas la bonne attitude à avoir pour évoluer. Accepte les échecs de ta vie pour les assimiler et avancer encore plus loin sont les principales énergies que l'émeraude te propose. Cette pierre a des énergies assez douces, ce qui va demander de travailler avec elle sur une plus longue durée.

« DIRE OUI À CE QUE VOUS PROPOSE LA VIE, C'EST DÉCIDER DE PASSER À L'ACTION. »

Nathalie Bodin Lamboy

Chapitre 9

Et nos chérubins ?

Eh oui, nos enfants, qu'ils soient nouveau-nés, adolescents ou même Tangy, restent toujours nos enfants, alors l'important pour nous en tant que parents, c'est qu'ils soient dans les meilleures conditions émotionnelles possibles. Je suis également maman de trois petits loustics et j'ai déjà utilisé des pierres, non pas pour les assommer, mais pour les accompagner dans leur sommeil ou dans les différentes étapes de leur vie. Il ne faut pas oublier que nos enfants sont des adultes en devenir et qu'il est donc important de les aider à trouver un équilibre émotionnel en leur donnant différentes clés. Le fait d'intégrer la lithothérapie à leur quotidien va les aider à être ouverts à d'autres manières de prendre soin de soi. Dans les trois sections suivantes, je vais t'aider à trouver la pierre magique qui correspondra le mieux à ton enfant.

Psst, tu peux également utiliser les infos suivantes pour avoir une meilleure communication avec ton enfant intérieur.

« SI TU SOUHAITES QUE TON ENFANT MÈNE UNE VIE HONORABLE, TU NE DOIS PAS ÔTER LES PIERRES DE SON CHEMIN, MAIS LUI APPRENDRE À MARCHER DESSUS AVEC ASSURANCE. »

Anne Brontë

Pour les bambins (0-2 ans)

Durant cette période, l'enfant emmagasine tellement d'informations durant la journée que le début de soirée, voire la nuit, peut être compliqué à gérer émotionnellement. Il va avoir besoin d'évacuer tout le surplus émotionnel de la journée. Il faut prendre en compte également tous les désagréments que bébé rencontre durant les premiers temps. Les problèmes de digestion, les dents, les rhumes ne sont pas simples, cela trouble la découverte du monde de ton chérubin...

Je vais te donner une petite astuce que j'utilise depuis bientôt dix ans quand l'un de mes enfants a un rhume. Prends une casserole, fais chauffer de l'eau, mets du thym dedans et laisse bien bouillir. N'hésite pas à mettre la casserole dans la chambre de bébé avant son coucher avec la porte fermée. La casserole va laisser le thym se propager dans toute la pièce, cela va assainir l'air, ouvrir les bronches de ton enfant et calmer sa toux. Tu peux faire cela dès qu'il va au lit et durant deux à trois jours sans souci. Bien entendu, ne mets pas la casserole à la portée de l'enfant.

Bon, après ce conseil, qui, je l'espère, t'aidera, voici une petite liste de cailloux magiques pour accompagner tes enfants dans un sommeil plus apaisé et être plus alignés avec leurs émotions.

ROSE DES SABLES

Elle favorise un sommeil réparateur et ouvre l'esprit à une meilleure compréhension des émotions des autres. Elle aide également à calmer les crises de panique ou d'angoisse liées au quotidien. Elle accompagne dans le long terme à acquérir une meilleure stabilité émotionnelle et renforce l'estime et la confiance en soi.

« LES GRAINES SEMÉES DANS L'ENFANCE DÉVELOPPENT DE PROFONDES RACINES. »

Stephen King

CALCÉDOINE

Cette pierre est un véritable bain de douceur, elle allège les sentiments de tristesse et de peine. Elle absorbe également les énergies négatives. Si tu as un chérubin qui devient un véritable gremlin, cette pierre va l'aider à retrouver son calme intérieur. Elle accompagne également ton enfant à s'ouvrir au niveau de la communication. Dès le plus jeune âge, l'enfant communique, d'une autre façon que nous, certes, mais c'est quand même de la communication.

« JE NE PENSE JAMAIS AU FUTUR, IL VIENT BIEN ASSEZ TÔT. »

Albert Einstein

TOURMALINE

Certains enfants sont très connectés au monde spirituel, à leur guide, aux défunts… Tout ce monde parallèle peut provoquer certaines peurs, de la tristesse ou d'autres sentiments. La tourmaline va protéger et accompagner ton enfant dans son chemin spirituel sans être dérangé par des énergies non désirées. Tu pourras placer une tourmaline dans sa chambre, de préférence pas très loin de son lit. N'oublions pas que nos enfants sont des âmes qui viennent tout juste d'être incarnées, le fil entre les mondes visible et invisible est encore très fort chez eux.

« UN ENFANT, C'EST LE DERNIER POÈTE D'UN MONDE QUI S'ENTÊTE À VOULOIR DEVENIR GRAND. »

Jacques Brel

Pour nos petits chats (6-12 ans)

Vers 6 ans, les enfants entrent en général en CP. Certains le vivent très bien et accueillent cette nouvelle étape dans leur vie avec grande joie, mais d'autres ne sont pas si ravis que cela de quitter la petite enfance et de se mettre dans le cadre du travail. Entre ses 6 et ses 12 ans, l'enfant va ainsi passer par plusieurs étapes d'apprentissage, que ce soit dans le milieu scolaire, mais également dans sa vie personnelle, car il grandit et doit assimiler beaucoup de choses. Il se peut que cela ne soit pas forcément en adéquation avec qui il est, ni avec ses énergies.

Durant cette étape de la vie, l'enfant souhaite être plus autonome, mais a également besoin de ses parents pour l'aider à gérer des émotions comme l'agressivité, la tristesse, le sentiment d'injustice, la peur, la honte, la solitude. Ce n'est pas toujours simple en tant que parent de se mettre à la place de notre enfant, car nous avons également nos propres émotions à gérer. Mais tu peux tout à fait remarquer certains changements qui vont te montrer que ton enfant est dans une période d'introspection et d'assimilation émotionnelle. Il peut manger un petit peu moins, se ronger les ongles, parler moins et certains vont chercher ton attention en faisant plein de petites ou grosses bêtises. Tous ces éléments peuvent te mettre la puce à l'oreille pour te faire comprendre qu'il a besoin de cadre et de limites pour trouver un équilibre émotionnel. Étant moi-même dyslexique et dysorthographique, je sais combien il est dur de rester concentré·e, que ce soit en cours ou de manière plus générale. Je vais également te donner des pierres qui vont aider ton enfant à se concentrer un petit peu plus et ainsi faciliter son apprentissage.

FLUORITE

Cette pierre est parfaite, car elle aide à se concentrer et à remettre de l'ordre dans la vie. Je ne dis pas que ton enfant va se mettre à ranger sa chambre de fond en comble, mais elle peut lui permettre d'être plus cadré, ce qui ne peut être que bénéfique pour lui.

C'est également une pierre qui va permettre de retrouver un équilibre, autant sur le plan émotionnel que corporel. Elle peut contribuer à stabiliser un petit peu les hormones qui ont tendance à titiller ceux qui approchent de la préadolescence.

L'enfant peut la porter sur lui en bijou, mais peut également avoir une pierre posée sur son bureau afin de faciliter la concentration durant les devoirs ou exercices à la maison.

« D'UN ENFANT LE SOURIRE AGRANDIT L'UNIVERS. »

Charles de Leusse

AGATE

Cette pierre favorise le renforcement intellectuel, améliore la créativité, aide également à avoir plus confiance en soi, dissipe les peurs et aide à être moins fatigué·e. Elle permet à celui et celle qui décident de la porter de débloquer tout ce qui les empêche d'avancer et d'évoluer.

C'est donc une pierre que ton enfant va utiliser régulièrement afin d'être pleinement rempli de son efficacité. Elle calme également les angoisses et apaise son âme. Elle harmonise son pôle féminin et son pôle masculin, ce qui lui permet d'être aligné·e avec qui il ou elle est, tout simplement. L'agate permet également de s'exprimer plus librement.

« METTRE AU MONDE SON ENFANT, C'EST SE DONNER SOI-MÊME POUR TOUJOURS. »

Jean Gastaldi

TURQUOISE

Cette pierre va permettre à ton enfant d'être dans une ambiance générale positive, mais lui permettra également de distinguer la nuance entre le bien et le mal. Elle aide aussi à avoir une plus grande confiance en soi.

La turquoise renforce les liens amicaux et le sentiment d'être aimé·e, ses effets vont apaiser la personne qui porte la turquoise, que ce soit en bijou ou dans sa poche. Elle va lui permettre de mieux maîtriser ses sautes d'humeur ou ses coups de colère. Si ton enfant décide de la mettre dans sa chambre, cela favorisera son sommeil et éloignera les mauvais rêves.

« LA MEILLEURE FAÇON DE SURMONTER LES SENTIMENTS ET LES PENSÉES NÉGATIVES OU INDÉSIRABLES EST DE CULTIVER DES PENSÉES POSITIVES. »

William Walker Atkinson

Le cœur de l'adolescence (13-18 ans)

Quand l'adolescence commence à entrer dans le quotidien familial, certains parents ont tendance à vraiment angoisser et à imaginer tout de suite le pire, mais il faut apprendre à se détendre, car, en tant qu'adulte, tu es déjà passé·e par cette phase et tu sais que ce n'est pas simple. Il faut savoir que tous les adolescents ne font pas forcément de crise durant cette période-là. Certains vont aller chercher leurs limites et c'est ça qui va être le plus compliqué à gérer en tant que parent. En plus, l'adolescence est souvent synonyme de changements (boutons, appareil dentaire...), ce qui baisse également beaucoup leur confiance en eux.

Ce qui est important, c'est de te demander comment tu aurais voulu qu'on agisse avec toi durant ta propre adolescence et tu verras que tu trouveras sûrement un bon équilibre pour accompagner ton enfant à traverser cette période avec amour.

« TOUTE NOTRE VIE CONSISTE FINALEMENT
À NOUS ACCEPTER TELS QUE NOUS SOMMES. »

Jean Anouilh

LAPIS-LAZULI

Cette pierre est assez connue dans le monde de la lithothérapie, c'est un caillou magique qui va aider à la communication et faciliter les échanges et l'ouverture aux sentiments. Elle débloque également les émotions refoulées et accompagne les timides à s'exprimer avec moins d'anxiété. Elle aide à prendre sa vie en main en donnant confiance et permet à la personne à s'affirmer telle qu'elle est. Si ton enfant a vécu un traumatisme, sache que cette pierre aide également à la guérison émotionnelle, réduit le stress et protège des pensées négatives, ce qui permet d'insuffler une paix intérieure.

« PRENDRE DES RISQUES, FAIRE DES ERREURS. VOILÀ COMMENT L'ON GRANDIT. LA DOULEUR NOURRIT VOTRE COURAGE. VOUS DEVEZ ÉCHOUER POUR APPRENDRE À ÊTRE COURAGEUX. »

Mary Tyler Moore

HOWLITE

Cette pierre va vraiment accompagner l'âme en pleine crise d'adolescence. En effet, elle calme le mental, favorise l'endormissement et aide à atténuer l'hypersensibilité ou la déprime. Elle favorise le discernement et renforce la confiance en soi. Elle accompagne à prendre des responsabilités et dissiper des craintes, ce qui est un bon atout quand on est en pleine évolution pour devenir adulte. En plus de ses merveilleux effets magiques que j'ai cités ci-dessus, elle aide aussi à avoir plus de discernement dans les situations du quotidien, ce qui favorise la prise de bonnes décisions.

Attention, chers parents, les décisions qui sont bonnes pour ton adolescent ne le sont pas forcément pour toi, alors ne grince pas des dents si ton enfant décide de prendre un chemin qui n'est pas le tien.

« UNE FLEUR NE PEUT PAS S'ÉPANOUIR SANS SOLEIL,
ET L'HOMME NE PEUT PAS VIVRE SANS AMOUR. »

Max Müller

AIGUE-MARINE

Il faut savoir que cette pierre était utilisée autrefois pour confectionner les boules de cristal, mais ce n'est pas important parce que ce n'est pas ce qui va aider ton adolescent à vivre au mieux cette période. C'est quand même toujours un petit plus à savoir.

L'aigue-marine va aider à renforcer l'intellect et la mémorisation. Il est préférable de le porter au moins un mois et demi avant un examen afin que ton enfant s'imprègne bien de ses énergies et ainsi l'aider au mieux durant sa période de révisions. C'est aussi une belle pierre magique pour ce qui concerne la communication. N'hésite pas à la lui faire porter pour un oral. Cette pierre magique est également une pierre de protection pour les enfants de manière générale.

« LORSQUE TU POURSUIVRAS TON BONHEUR, DES PORTES S'OUVRIRONT
OÙ TU NE PENSAIS PAS EN TROUVER ET OÙ IL N'Y AURAIT
PAS DE PORTE POUR UN AUTRE QUE TOI... »

Joseph Campbell

Chapitre 10

Des cailloux remplis de légendes

Ce que je trouve le plus formidable dans la vie, c'est que nous sommes toutes et tous émerveillé·e·s grâce aux légendes que l'on nous raconte, que ce soit celles d'un lieu, d'un dragon, d'une fée ou bien du monstre du Lockness. Entre monde réel et mondes subtils, la ligne est fine. Que nous soyons une jeune âme de 7 ans ou une âme de 83 ans, nous avons tous en mémoire une histoire que nous trouvons merveilleuse. Et si je te disais que certaines pierres sont remplies de mythes et de légendes, ce qui les rend encore plus magiques, me croirais-tu ?

Viens à la rencontre de ces pierres qui dépassent les frontières de notre imaginaire et qui viennent se glisser dans notre réalité afin d'y mettre toute leur magie et leurs énergies si particulières.

« CHAQUE FOIS QU'UN ENFANT DIT "JE NE CROIS PAS AUX FÉES", IL Y A QUELQUE PART UNE PETITE FÉE QUI MEURT. »

James Barrie

PIERRE DES FÉES

En plus de ses sublimes formes qui nous permettent de laisser voguer notre imagination, elle a pour rôle de chanter et de nous guider sur notre chemin spirituel. C'est une pierre qui a une forme naturellement créée par la terre, ce qui lui permet de donner toutes les énergies dont elle dispose sans avoir été transformée par l'homme. Elle permet d'accompagner dans la guérison des anciennes blessures cachées. La pierre des fées peut aider à se connecter à son animal totem.

Grâce à ses énergies puissantes, elle te permettra d'être plus aligné·e à la terre et de développer la connexion avec les autres êtres vivants, comme les végétaux ou les animaux. Pour celles et ceux qui sont reliés au monde du petit peuple, cette pierre magique est un véritable portail pour se connecter avec bienveillance à ce monde féerique. Tu peux également utiliser cette pierre comme talisman pour repousser les énergies néfastes, certaines personnes utilisent cette pierre comme un caillou magique, car elle aurait pour vertu de réaliser un vœu.

Alors, prêt·e à tenter l'expérience féerique à ses côtés ?

« LES FÉES NOUS ENDORMENT, NOUS OUVRENT LES PORTES DE LEUR ROYAUME, QUI SE REFERMENT SUR NOUS SANS QU'ELLES AIENT PRIS LA PRÉCAUTION DE NOUS EN REMETTRE LA CLÉ. »

Jean Tétreau

MENHIR

Alors, oui, là, on n'est clairement pas sur de la caillasse que tu glisses dans ton sac, mais plutôt sur du gros caillou que seul Obélix peut porter sans pression. Les menhirs, dolmens et autres monuments sacrés sont généralement construits dans des lieux aux énergies terrestres importantes pour une meilleure connexion entre les mondes.

Ils ont le pouvoir de guérison et, en dehors des rituels magiques, certains sont également connus pour aider les personnes qui cherchent à avoir des enfants. Le menhir de Kerloas est réputé pour cela. La légende raconte que les nouveaux mariés vont y frotter leur ventre, enfin plutôt leur nombril, pour augmenter la fertilité de leur couple. C'est pour cela que ces menhirs sont polis au niveau de la ceinture. Dans certaines régions, comme la Bretagne, tu trouveras des menhirs plus ou moins près des habitations pour leur apporter protection, mais également dans les champs pour favoriser les belles semences et récoltes. Depuis que je vis en Bretagne, j'ai eu la chance d'en voir et leur énergie est complètement dingue !

« IL EST FORMIDABLE, MON IDÉFIX, HEIN ? JE LUI AI APPRIS À FLAIRER LES MENHIRS POUR QU'IL DEVIENNE UN BON CHIEN DE CHASSE. J'AI COMMENCÉ PAR DES MENHIRS PARCE QUE ÇA VA MOINS VITE QUE LES LAPINS, PAR EXEMPLE. »

René Goscinny et Albert Uderzo

AIGUE-MARINE

Cette pierre semble sortir tout droit de la mythologie grecque avec les dieux de l'océan Poséidon et Triton, mais ce n'est pas pour rien : les Grecs considéraient cette pierre comme le trésor des sirènes. Elle est considérée depuis l'Antiquité comme la pierre du marin du fait de sa couleur, mais aussi parce que les marins la portaient souvent comme talisman contre le mal de mer, les tempêtes et pour revenir sains et saufs des longs voyages. Elle apporterait également la chance sur le plan financier. Certains pêcheurs accrochent même de l'aigue-marine à leurs filets pour que leurs prises soient abondantes.

Étant amoureuse de la mer et des mythes qui y sont liés, je trouve fascinant que dès l'Antiquité on associait déjà le charme des sirènes aux pouvoirs des pierres.

« LA MER EST LE SEUL ÊTRE INFINI À SE JETER HUMBLEMENT À NOS PIEDS, SANS JAMAIS PERDRE UNE ONCE DE SA GRANDEUR. »

Fabrizio Caramagna

MOLDAVITE

Cette pierre fait partie de mes petits trésors ! C'est la seule pierre d'origine extraterrestre connue de l'homme à ce jour. Les scientifiques ont conclu que la moldavite est le résultat d'un événement céleste qui s'est produit il y a 14,5 millions d'années. Elle a été créée par l'impact d'une météorite sur Terre en République tchèque et une substance de l'espace inconnue.

Cette pierre est très rare et son utilisation doit se faire en connaissance de cause, car elle crée un véritable impact sur notre vie. En effet, elle te pousse dans tes retranchements et te permet d'accéder à une nouvelle conscience, ce qui va te laisser tout ce qui t'empêche d'évoluer dans votre vie de côté et grandir rapidement. Avec elle, on fait un grand saut dans le vide. Selon la légende qui l'entoure, elle apporte chance et accomplissement dans tout ce que désire celui qui la détient.

« QUE MON ÂME SOURIE DANS MON CŒUR ET QUE MON CŒUR SOURIE À TRAVERS MES YEUX AFIN QUE JE DISPERSE MES GRANDS SOURIRES DANS LES CŒURS TRISTES. »

Paramahansa Yogananda

HAGSTONE

C'est une pierre appelée « pierre de vieille sorcière ». On peut en trouver dans les rivières, ruisseaux ou même en bord de mer. Elle possède un trou naturellement formé grâce à l'eau.

Il est de coutume de penser que la magie n'agit que sur l'eau courante, c'est donc une pierre très puissante remplie de magie !

Le fait qu'elle soit créée par le biais de la magie dans l'eau lui donne l'énergie nécessaire pour la protection. Les hagstones sont aussi appelées « pierres saintes », « pierres d'Odin », « pierres trouées », « pierres à souhaits », « pierres à cauchemars ».

La magie qui émane de ce caillou est incroyable. Il paraît que si tu regardes dans le trou de la hagstone, tu auras la capacité de voir le peuple des fées tout en étant protégé·e de leurs enchantements.

On lui attribue le pouvoir de protéger les gens et les animaux contre les mauvais esprits et la sorcellerie. Elles sont souvent portées autour du cou ou attachées à la clé ou à la porte de l'étable.

« MAIS UN JOUR, IL MURMURA, EN RIANT DE PLAISIR : "QUAND UNE SORCIÈRE EST BELLE, EH BIEN, ÇA S'APPELLE UNE FÉE !" »

Marcel Pagnol

LE CAILLOU SUR TON CHEMIN

Oui, oui, même un simple caillou est magique, car il peut avoir une forme particulière, être dans un lieu particulier, rempli de vibrations.

Il ne faut pas hésiter en balade à ouvrir l'œil et l'âme pour laisser place à la magie de l'univers. Quand tu auras fait la rencontre de ton caillou magique, ou de tes cailloux magiques si tu as un grand cœur, n'hésite pas à le consacrer comme un grigri et à l'utiliser dès que tu en ressens le besoin. Tu peux également mettre quelques gouttes d'huiles essentielles dessus en fonction de ce que tu souhaites travailler. Tu peux le customiser en peignant des runes ou d'autres symboles pour accentuer son côté magique. Il n'y a pas légende particulière relative à ces cailloux, mais je pense qu'il est essentiel de ne pas oublier que la magie réside dans notre cœur. Un caillou, quel qu'il soit, n'est magique que si on y croit réellement. Alors, laissons nos âmes être libres de croire que la magie fait partie de nous.

« ON PEUT TROUVER LE BONHEUR MÊME DANS LES MOMENTS LES PLUS SOMBRES… IL SUFFIT DE SE SOUVENIR D'ALLUMER LA LUMIÈRE. »

J. K. Rowling

Chapitre 11

Envie d'un peu de piment dans ta vie intime ?

Eh oui, entre le quotidien qui nous limite, un manque d'estime, les problématiques que l'on rencontre dans notre vie ou certains événements brutaux, il se peut que ta libido soit légèrement en berne et pas que chez Stéphane. Oui, je sais, je suis balèze en jeux de mots. Une panne de libido, ça arrive à tout le monde !

Bref, dans ce chapitre, je vais te montrer les pierres que tu peux mettre dans ta chambre à coucher, dans ta poche de pantalon, mais également dans un lieu où tu te sens à l'aise avec ta sexualité, afin de te connecter à leurs énergies et ainsi repartir à la conquête de ton intimité, seul·e, à deux ou à plusieurs, ça n'a pas d'importance. L'essentiel, c'est que tu profites de la jouissance qu'offre ton corps de déesse. Il ne faut pas oublier de prendre soin de cet endroit magique !

Alors, partons ensemble à la découverte du top 10 de ces pierres aphrodisiaques !

« UN CŒUR SANS AMOUR EST UNE VIE SANS PLAISIR. »

Alain

TOP 1
La cornaline

Elle aide à stimuler la fécondité chez les femmes et réduit les désagréments liés aux menstruations.

Chez les hommes, elle favorise une certaine envie de conquérir le monde.

TOP 2
Le grenat

En plus de stimuler et de renforcer les passions amoureuses, si tu le portes souvent sur toi, son énergie va t'aider à retrouver une libido plus régulière.

TOP 3

La pierre de lune

Magnifique pierre pour être au plus près des énergies féminines et apporter de la douceur dans l'intimité. Elle aide à régulariser les cycles menstruels et favorise la bonne entente avec son partenaire.

TOP 4

Le jaspe rouge

Messieurs, cette pierre est faite pour vous ! Elle permet de remettre le pied à l'étrier après une période de pause.

Mettez-la souvent dans votre poche de pantalon afin qu'elle soit au plus près de votre organe sexuel et laissez la magie opérer.

TOP 5
La calcite orange

Elle aide à éliminer petit à petit les blocages liés à l'intimité, elle stimule ta libido et favorise les contacts physiques.

Si tu la portes en pendentif, elle va également travailler sur ton intimité émotionnelle et te permettre de lâcher prise.

TOP 6

L'aventurine orange

Elle est très bénéfique à l'énergie sexuelle et va te permettre de lutter contre le manque de libido. C'est également une pierre qui va instaurer un équilibre entre les énergies féminine et masculine durant les rapprochements intimes, ce qui harmonise le moment et permet d'être dans un bel échange.

TOP 10

TOP 7
La rhodonite

Cette pierre de conciliation est parfaite pour poser des bases stables et solides dans un couple, car c'est la pierre liée à l'amour. Elle aide à renforcer la confiance que l'on partage avec son partenaire. Ce caillou magique t'emmène tout droit au pays des Bisounours.

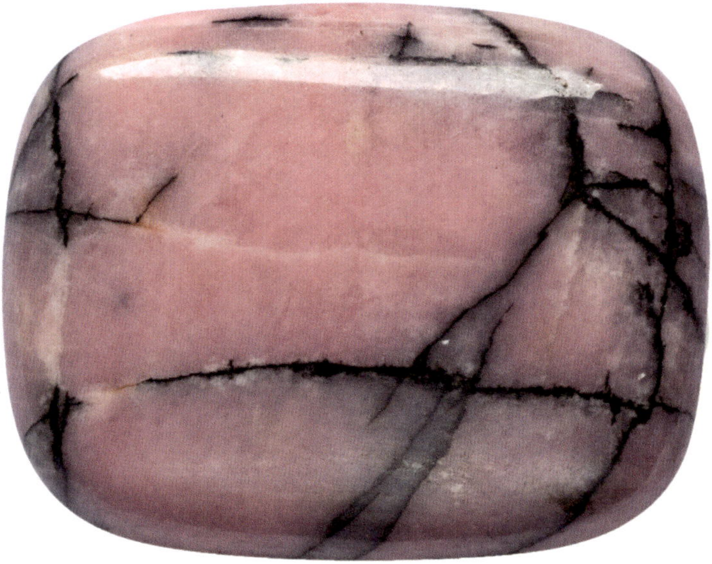

TOP 8
L'hématite

Chez la femme, elle aide à réguler les menstruations et à soulager les règles douloureuses. Elle va également te pousser à lâcher prise et à te désinhiber face à l'inconnu.

Donc, tous à poil, Mireille, le monde nous attend !

TOP 9

L'agate feu

Cette pierre ne va pas mettre le feu à ta culotte, *no stress*. Quoique.

Véritable pierre magique, elle aide à remettre du piment dans ta vie intime en faisant en sorte de moins t'éparpiller dans ta journée. Ainsi, tu auras plus d'énergie lors du moment de connexion au plaisir intime.

TOP 10

La topaze impériale

En plus d'augmenter ta fertilité, elle va te permettre de retrouver un certain dynamisme global, ce qui va également jouer sur le plan intime.

« TOUT CE QUE L'ON SÈME NOUS REVIENT MULTIPLIÉ UN JOUR OU L'AUTRE ET NOUS CONSTRUIT OU DÉTRUIT EN FONCTION DE L'AMOUR QUE NOUS Y AURONS MIS. »

Joéliah

Chapitre 12

Besoin de protection ?

Actuellement, nous pouvons mettre les pierres de protection dans différentes catégories. En effet, toutes les pierres n'ont pas la même forme de protection et ne vibrent pas de la même manière sur le plan énergétique. De plus, il est important de savoir de quoi tu souhaites te protéger, car te protéger de tout et de rien ne sert strictement à rien hormis à t'isoler du monde et à ne plus être ouvert·e au changement.

LE CAILLOU *GHOSTBUSTER*

Dans cette catégorie, tu trouveras des cailloux qui partent à la recherche des énergies négatives et qui les absorbent. Ces pierres n'ont pas un super sac à dos aspirateur comme dans le célèbre film, mais grâce à leur vibration, elles vont aspirer toutes les énergies qui cassent l'harmonie du lieu où tu as décidé de mettre cette pierre.

Attention, une fois la pierre ayant accumulé un maximum d'énergies négatives, elle atteint un stade de saturation : elle risque de vomir toutes les énergies jusque-là stockées.

Pour éviter d'arriver à ce stade, ces pierres doivent faire l'objet de fréquentes purifications ou même être remplacées.

C'est le cas par exemple de l'obsidienne, avec laquelle tu ne fais qu'un travail de courte durée.

Les pierres qui vont t'aider et absorber les énergies sont :

- la tourmaline noire ;
- l'obsidienne noire ;
- l'œil céleste.

Tu peux les disposer au cœur de ta maison pour aider à l'harmonisation des énergies.

LE CAILLOU « OUST, LES MAUVAISES ÉNERGIES ! »

Cette catégorie de cailloux magiques va permettre de repousser les énergies néfastes. En effet, elles ne vont pas absorber ce qui vient t'embêter dans ta vie, mais elles vont renvoyer les énergies.

Cependant, un petit conseil à retenir : comme ce sont des pierres qui renvoient l'énergie, il faut également que tu fasses attention. En effet, si de mauvaises vibrations émanent de toi au moment où tu décides d'utiliser cette pierre, elles te seront renvoyées. C'est donc une pierre que je te conseille de ne pas mettre forcément directement chez toi pour la protection, mais plutôt dans un pot de fleurs à l'entrée de ta maison. Quand tu auras posé tes intentions pour qu'elle soit dans la protection de ta maison, elle ne s'occupera que de ces énergies-là et t'aidera à vivre en harmonie.

L'œil-de-tigre est parfait pour cette protection.

LES CAILLOUX SPÉCIAUX POUR LES FAMILLES

Porter sur soi une pierre magique qui appartient à cette catégorie va permettre d'influencer les énergies d'une personne, car elle va la pousser à développer des énergies beaucoup plus positives. Elle contribue en plus à une bonne aura, ce qui va permettre à son porteur de moins être embêté par le reste du monde. En outre, elle va également t'aider à limiter la fatigue et le stress.

Tu peux mettre dans ton lieu de vie ou dans le lieu où tu passes le plus de temps en famille :

- une pierre de soleil ;
- une opale de feu ;
- une cornaline ;
- une hématite.

Chapitre 13

Pour les fans d'astrologie

Il faut savoir que les douze signes astrologiques ont des cailloux magiques qui leur sont associés.

Le fait d'allier astrologie et lithothérapie permet de travailler directement avec tes énergies générales. N'oublie pas de regarder ton signe solaire, ton ascendant et, si tu peux, ton signe lunaire, afin d'éviter de prendre une pierre qui n'est pas en adéquation avec qui tu es. Si tu souhaites connaître tout cela, tu peux faire appel à un astrologue en lui donnant ta date et ton heure de naissance ainsi que le lieu où tu as décidé de pointer le bout de ton nez. Tu trouveras toutes ces informations dans ton carnet de santé ou en demandant un acte de naissance à ta mairie de naissance. Il y a également des sites Internet pour rechercher ta lignée astrologique.

PIERRE POUR LES BÉLIER (21 MARS – 20 AVRIL)

D'une dynamique franche, spontanée, ils savent où ils vont et ont donc besoin de pierres qui les encouragent dans cette direction, tout en les aidant à être plus patients.

- L'œil-de-tigre va les aider à accueillir les nouveaux objectifs dans leur vie avec enthousiasme.
- La citrine va les accompagner à trouver plus de joie et être moins ronchon.

PIERRE DES TAUREAU (21 AVRIL – 20 MAI)

Ils ont tendance à être bien déterminés dans leur vie et aiment croquer la vie à pleines dents, surtout quand il s'agit de nourriture. Cependant, ce sont des êtres têtus et un poil rancuniers. Ces cailloux magiques vont les aider afin de trouver un meilleur équilibre.

- L'œil-de-taureau, bien sûr, va les aider à se connecter à leur pleine puissance.
- L'unakite va les aider à tirer un trait sur le passé.

PIERRE DES GÉMEAUX (21 MAI – 21 JUIN)

Ils arrivent facilement à s'adapter au monde, mais oublient de se connecter à leur monde. Avoir de la facilité dans la communication n'empêche en rien d'utiliser le langage pour mentir ou manipuler afin d'obtenir ce que l'on souhaite.

- Le lapis-lazuli va les aider à stimuler leur soif d'apprendre.
- La sodalite va les aider à moins s'éparpiller et à être plus dans l'instant présent.

PIERRE DES CANCER (22 JUIN – 22 JUILLET)

Ils sont très ancrés dans leur bulle de confort, ce qui les pousse inconsciemment à être connectés aux autres mondes en laissant leur âme divaguer.

- La chrysoprase va les aider à se sentir en sécurité afin de sortir des sentiers battus.
- La pierre de lune va les aider à être plus connectés à leurs intuitions.

PIERRE DES LION (23 JUILLET – 23 AOÛT)

C'est le signe le plus solaire qui soit ! Dis-je cela car je suis ascendant Lion ? Peut-être...

Les Lion sont sociables, mais aiment être seuls pour se ressourcer, ils ont besoin d'être en équilibre avec ce paroxysme pour être libres et heureux.

- La pierre de soleil va les aider à renforcer leur vitalité et leur confiance en eux.
- Le jade va les aider à être ancrés et à s'ouvrir au monde.

PIERRE DES VIERGE (24 AOÛT – 22 SEPTEMBRE)

C'est un signe reconnu pour leur esprit méthodique, réfléchi et logique.

- La howlite va les aider à prendre des décisions en ayant plus de recul.
- La fluorite va les aider à travailler leur sens de l'organisation et de l'analyse. Si jamais quelqu'un du signe Vierge a envie de faire mes papiers, c'est avec grand plaisir.

PIERRE DES BALANCE (23 SEPTEMBRE – 23 OCTOBRE)

Pour ce signe astrologique, la justice est très importante. Ils vont être de magnifiques conciliateurs, ils vont aider les autres à trouver une paix ou un juste milieu. Mais qu'en est-il pour eux ? En effet, certaines pierres vont les aider à trouver leur propre équilibre intérieur.

- Le jade va les aider à retrouver une harmonie intérieure, mais également une meilleure communication avec leurs proches.
- Le quartz fumé va les soutenir dans la période d'introspection, afin de prendre les meilleures décisions pour eux.

PIERRE DES SCORPION (24 OCTOBRE – 22 NOVEMBRE)

Les Scorpion sont très indépendants et ne se laissent pas intimider si facilement. Ce sont également des personnes qui aiment à 1000 %, ce qui fait qu'ils peuvent avoir certains comportements excessifs.

- La malachite va les aider à se libérer des rancœurs et stabiliser leurs émotions.
- La rhodochrosite va les aider à atténuer leur sentiment de jalousie et leurs émotions négatives.

PIERRE DES SAGITTAIRE (23 NOVEMBRE – 21 DÉCEMBRE)

Ce signe est très ouvert, joyeux, il souhaite qu'on l'aime et ne veut pas blesser les autres. Les Sagittaire détestent les contraintes et ne veulent pas se priver de leurs libertés de penser et d'être.

- L'apatite va les aider à ouvrir les oreilles et à laisser place à une communication et une entente plus profonde avec ceux qu'ils aiment.
- La calcédoine va les inciter à être plus dans la communication et à exprimer leurs sentiments. Ils apprendront à ne pas faire de fausses promesses.

PIERRE DES CAPRICORNE (22 DÉCEMBRE – 20 JANVIER)

Ce sont des personnes qui aiment garder leur *self-control*. Persévérants et ambitieux, ils vont au bout de leurs objectifs quoi qu'il en coûte. Les Capricorne ont tendance à être trop terre à terre, pessimistes et à vouer un culte à la solitude.

- La citrine va les aider à avoir plus confiance en eux et à atteindre plus facilement leurs objectifs.
- L'obsidienne, quant à elle, va leur permettre de se faire confiance en diminuant le stress et la peur liés à l'échec.

PIERRE DES VERSEAU (21 JANVIER – 19 FÉVRIER)

Les Verseau sont une énigme, autant pour eux que pour les gens qui les entourent.

Leurs émotions font partie intégrante de leur vie et ils vont donc écouter plus facilement leurs cœurs que leurs têtes.

- La sodalite va atténuer leur hypersensibilité et les aider à reprendre confiance en eux.
- Le lapis-lazuli va les accompagner à avoir des amitiés plus longues et plus profondes. Elle va également stimuler leur intelligence.

PIERRE DES POISSONS (20 FÉVRIER – 20 MARS)

Ce signe astrologique est très créatif, il est également dévoué aux autres et a une bonne capacité de compréhension, ce qui peut le mettre en porte-à-faux, car il a tendance à boire les émotions des autres.

- Le larimar leur permettra d'être plus à l'écoute de leurs émotions et ainsi à nager dans leur vie.
- L'œil-de-tigre leur permettra de reprendre confiance en eux, de se protéger des énergies négatives, mais également de fortifier leur caractère.

Et toi, tu fais partie de quelle team ? Pour ma part, Cancer ascendant Lion ! Mais plus j'avance dans la vie, plus je me sens connectée à mon côté Lion et moins à mon signe solaire qui est celui du Cancer.

Chapitre 14

Tu as l'âme qui suit le cycle de la vie ?

Certaines personnes sont très sensibles aux énergies de la nature. Les changements de saisons, le manque de luminosité en hiver les rendent tristes et aigries, alors que voir les bourgeons printaniers est signe d'un véritable nouveau souffle.

Sache que tu peux t'aider à affronter les changements des énergies terrestres et saisonniers grâce à certaines pierres ! Voici donc la liste des pierres magiques qui te permettront d'avancer au mieux mois après mois.

- Pierre de janvier : grenat. Symbole d'énergie, de la vérité et de la fidélité.
- Pierre de février : améthyste. Apporte la sérénité et la plénitude.
- Pierre de mars : aigue-marine. Apaise et aide à améliorer la communication.
- Pierre d'avril : diamant. Équivaut au courage et à la force.
- Pierre de mai : émeraude. Apporte l'équilibre dans le cercle familial et la relation conjugale. Il s'agit également d'une pierre au grand pouvoir de guérison.

- Pierre de juin : pierre de lune. Ses reflets sont considérés comme changeants en fonction des phases de la lune.
- Pierre de juillet : rubis. Apporte de la chance et du courage.
- Pierre d'août : péridot. Apporte la joie et la paix intérieure.
- Pierre de septembre : saphir. C'est une pierre apaisante, utilisée pour favoriser la méditation.
- Pierre d'octobre : tourmaline. Évoque l'espoir et apporte l'amour inconditionnel.
- Pierre de novembre : citrine. Accompagne à la joie de vivre.
- Pierre de décembre : topaze. Reflète la fidélité et la joie.

Chapitre 15

Et les chakras dans tout cela ?

Déjà, il faut savoir que les chakras viennent d'un système de croyances philosophiques issues de l'hindouisme, qui permet de relier le corps à l'âme.

Toute personne connectée aux âmes ou aux énergies peut donc se référer à un ou plusieurs chakras pour exprimer le ou les maux physiques et émotionnels qu'elle perçoit.

Chaque chakra est associé à une couleur, ce qui correspond à une vibration particulière et également à une partie du corps.

Si un de tes chakras est déséquilibré, cela peut créer une baisse d'énergie, un blocage, mais les pierres magiques sont là pour ça ! Grâce aux énergies qu'elles transmettent, elles vont permettre aux chakras de se ressourcer et de se réaligner.

En tout, nous avons sept chakras. Je vais te les présenter un à un en mettant en avant les pierres qui les accompagnent pour permettre à ton corps et ton âme de t'aligner.

1er CHAKRA : LE CHAKRA RACINE (MULADHARA)

Il est situé entre les organes génitaux et l'anus.

Ce chakra permet de donner un sentiment de confiance, de sécurité et de force. Il permet de rester les pieds sur terre et de s'ancrer dans le matériel, mais aussi de relativiser et d'accepter qu'on ne peut pas tout contrôler.

Quand ce chakra est déséquilibré, cela engendre chez la majeure partie des gens touchés une peur de saisir les opportunités, un manque de confiance en soi, un manque de dynamisme et une peur de manquer de biens matériels.

Les pierres qui lui sont associées le sont par rapport à sa couleur rouge ou noire. Tu retrouveras parmi elles l'hématite, le jaspe rouge, le grenat, l'œil-de-taureau, la tourmaline… Tu peux porter ta pierre dans ta poche afin de t'aider à rééquilibrer ce chakra.

2e CHAKRA : LE CHAKRA SACRÉ (SVADHISTHANA)

Ce chakra se situe quelques centimètres en dessous du nombril, directement sur les organes reproducteurs, et a attrait à la sexualité. Il aide à avoir une sensualité plus épanouie et à se sentir mieux dans son corps. Il permet de développer sa créativité. Lorsqu'il est déséquilibré, on ressent un manque de libido, un manque de sommeil, un manque de confiance en soi, de la frustration, une perte du goût de la vie…

Les pierres qui lui sont associées sont de couleur orange comme lui. Tu retrouveras parmi elles la cornaline, la pierre de soleil et le jaspe mokaïte.

Pour harmoniser ce chakra, tu peux mettre une chaîne de corps avec une des pierres citées ci-dessus. Tu peux aussi t'allonger quelques minutes en la positionnant à l'endroit où l'énergie de ce chakra circule.

3E CHAKRA : LE PLEXUS SOLAIRE

Il se situe à quelques centimètres du diaphragme, vers le nombril. Il agit directement sur le système digestif. Ce chakra est le centre de notre bien-être personnel, il est donc important d'en prendre soin. Quand il est bien aligné, il va t'apporter de la confiance en toi, de l'ouverture au monde. Il va également te faire te sentir libre et euphorique. Il aide aussi à l'harmonisation de tes émotions.

Quand il est complètement déséquilibré, tu fais face à une mauvaise image de toi, un manque de confiance, de la colère, de la fatigue et tu risques même d'avoir des envies de solitude.

Les cailloux magiques qui lui sont associés sont de couleur jaune, tu trouveras parmi eux la citrine, l'œil-de-tigre, l'agate du Botswana.

Si tu es une femme et que tu portes un soutien-gorge, tu peux y laisser une de ces pierres afin de connecter son énergie directement au chakra. Sinon, tu peux prendre une chaîne et faire tomber la pierre un peu plus bas au niveau de ce chakra.

4^E CHAKRA : LE CHAKRA DU CŒUR

Ce chakra est positionné au centre de ta poitrine. Il est lié directement à ta capacité à aimer, à te donner de l'amour, mais également à en recevoir. Le pardon, la compassion et la générosité font aussi partie de ses attributions.

Lorsqu'il est déséquilibré, cela impacte ta relation à toi-même, mais également aux autres. Tu risques d'enchaîner les cœurs brisés, la jalousie, l'hypersensibilité. Tu vas également sentir une sensation d'abandon et de rejet.

Les pierres qui lui sont associées sont de couleur rose ou verte. Tu retrouveras parmi elles le quartz rose, la rhodonite, l'opale rose, l'aventurine, l'amazonite, la malachite…

Pour que ta pièce soit connectée à ce chakra, rien de plus simple que de porter un collier qui va tomber pile sur ta poitrine.

5^E CHAKRA : LE CHAKRA DE LA GORGE

Comme son nom l'indique, ce chakra est associé directement à la gorge. Quand il est bien équilibré, il te permet de faire de magnifiques gargarismes, mais surtout de t'exprimer correctement. Il aide également à écouter les gens et à prendre en considération leurs discussions. Si tu as du mal à faire confiance à ton intuition, ce chakra, quand il est équilibré, va te permettre d'exprimer ce que tu ressens.

Lorsqu'il est déséquilibré, tu peux avoir du mal à t'exprimer, tes propos ne sont pas vraiment coordonnés.

Les pierres magiques qui lui sont associées sont de couleur bleue, tu pourras trouver parmi elles la calcédoine, l'aigue-marine, le larimar...

Pour rééquilibrer ce chakra, tu peux poser une pierre sur ta gorge.

6E CHAKRA : LE TROISIÈME ŒIL

Ce chakra se situe entre les deux sourcils, ou au milieu de ton monosourcil en fonction de ta pilosité. Il a un véritable impact sur ton intuition, ta connexion avec le monde subtil. C'est également lui qui va t'aider à mieux travailler ton pouvoir de visualisation...

Lorsqu'il est déséquilibré, cela va créer un impact assez conséquent. Tu risques en effet d'avoir un manque de considération envers toi-même et de te créer un complexe d'infériorité. Certaines personnes dont ce chakra est complètement fermé vont avoir tendance à rejeter toute forme de spiritualité.

Les pierres qui lui sont associées sont bleu indigo comme le lapis-lazuli, la sodalite, l'apatite ou encore la fluorite.

Sauf si tu portes un énorme bindi avec une de ces pierres, cela va être compliqué de mettre un bijou directement à cet endroit, mais tu peux tout à fait faire une petite sieste avec une pierre posée sur ce chakra.

7^E^ CHAKRA : LE CHAKRA CORONAL

Ce chakra est situé juste au-dessus de ton crâne, il agit directement sur ton cerveau en lui procurant de la clarification et de la purification. C'est un peu comme un shampoing de la spiritualité, il va t'enlever tout ce qui n'a plus lieu d'être et qui t'empêche d'avancer. Quand il est correctement ouvert, cela te procure une ouverture sur le monde subtil, une connaissance spirituelle beaucoup plus haute. Il va impacter ta vie dans le sens de la spiritualité.

Lorsqu'il est déséquilibré, tu vas avoir tendance à te sentir isolé, à te remettre en question, à remettre le sens de la vie en question et à n'avoir quasiment aucune intuition.

Les pierres qui lui sont associées sont de couleur blanche, violette, transparente et grise. Tu trouveras parmi elles l'améthyste, la lépidolite, la pierre de lune, le cristal de roche…

Tu peux tout à fait mettre une de ces pierres sous ton oreiller lors de la sieste ou la positionner en hauteur dans la salle où tu souhaites pratiquer ta spiritualité.

Chapitre 16

Astuces et rituels de sorcière (mais chut, ne le dis à personne...)

La pratique de la magie est quelque chose d'intime, je te confie ici des rituels que j'ai appris en faisant mes recherches ou tout simplement en me connectant à mes ressentis et aux messages que je canalise. Les rituels ou astuces que je vais te partager sont en lien avec des expériences que j'ai déjà pu vivre. Il est important que tu te lâches et que tu t'appropries certains rituels ou astuces. Pourquoi ?

Déjà, la magie se fait avec ce que l'on a à la maison, dans notre jardin, en forêt. Tu n'es pas forcément obligé·e d'acheter quoi que ce soit pour procéder à un rituel. Tu peux en effet remplacer certains éléments par d'autres ou tout simplement les visualiser afin de te connecter à leur énergie et de laisser place à la magie de l'univers.

BAIN MAGIQUE

Le fait de prendre un bain magique va te permettre de te nettoyer énergétiquement et de te ressourcer.

Pour ma part, quand j'ai passé un cycle très compliqué et que j'ai besoin de me ressourcer, je fais un bain avec les ingrédients suivants :

- Un caillou magique, du quartz rose si je recherche un moment d'apaisement et d'harmonie.
- Des pétales de rose.
- De la lavande.
- De l'huile d'amande douce.

Si tu n'as pas de bain, tu peux tout à fait mettre le contenu de cette recette magique dans un gant, le fermer correctement et te laver le corps avec.

Si je souhaite un bon bain purificateur, j'utilise les ingrédients suivants :

- Du clou de girofle.
- Des fleurs d'anis.
- De la sauge officinale.
- Du romarin.

Tu peux mettre une tourmaline sur la baignoire lors de ton bain magique, elle absorbera les résidus d'énergie négative.

DE L'EAU MAGIQUE

Pour réaliser cette concoction magique, il te faut une bouteille en verre vide, une pierre (que tu auras choisie préalablement en fonction de son énergie et de ce que tu souhaites travailler avec elle) et de l'eau !

En fonction des phases de la lune avec lesquelles tu auras choisi de travailler, tu vas remplir ta bouteille avec de l'eau et l'exposer une nuit aux rayons de la lune.

Pour t'aider à mieux connaître les énergies de la lune, voici une petite liste afin de t'aiguiller au mieux durant ce rituel :

- Nouvelle lune : nouveau départ – ouverture – abondance.
- Lune montante : concrétisation de projet – conscience – réflexion.
- Premier quartier : action – prise de conscience – équilibre.
- Gibbeuse ascendante : force – transition – accomplissement.
- Pleine lune : récolte – introspection – naissance.
- Gibbeuse descendante : observation – ancrage – recul.
- Troisième quartier : libération – déblocage des chaînes – nettoyage.
- Dernier quartier : guérison – acceptation – renaissance.

Pour les cailloux magiques, tu peux prendre une pierre correspondant à ton signe lunaire ou solaire en fonction de ton ascendant ou descendant astrologique. Tu peux également choisir un caillou magique en fonction de la pierre du mois ou, tout simplement, choisir un caillou en fonction de ton intuition et de ses énergies.

Quand ton choix sera arrêté sur une pierre, n'hésite pas à la nettoyer préalablement et à la mettre soit dans ta bouteille d'eau, si elle rentre, soit au-dessus du bouchon ou sous la bouteille. L'idée est que l'eau de lune que tu es en train de faire puisse infuser l'énergie de la pierre.

Tu peux également rajouter quelques plantes magiques à cette eau de lune afin de favoriser encore plus la traction au niveau énergétique.

Je te conseille de la garder au frais et dans un endroit qui est protégé de la lumière. N'hésite pas à boire un verre chaque matin afin de te connecter à la magie de cette eau et de t'accompagner dans chacune de tes journées.

Tu peux également utiliser cette eau magique pour arroser tes plantes, pour ton bain, pour nettoyer certaines pierres. Tu peux aussi l'utiliser dans un pulvérisateur afin de pouvoir pshitter tout ton intérieur.

EN VOITURE, SIMONE !

Alors là, c'est plus une astuce qu'un rituel. Nous passons énormément de temps dans notre voiture et c'est un lieu où on décharge énormément au niveau des énergies. N'hésite pas à y mettre une pierre qui va t'aider à réguler tes émotions, te protéger ou bien travailler ton intuition pour être en paix et écouter Céline Dion à balle dans la voiture.

Petite astuce si tu as des questions auxquelles tu aimerais avoir des réponses : n'hésite pas à utiliser ce petit livre pour t'aider. En effet, même si la bibliomancie était utilisée principalement avec la Bible, cette époque est révolue et maintenant, tu peux répondre à tes questions en ouvrant une simple page.

Pour ce faire, il suffit de te poser une question, de respirer profondément et d'ouvrir le livre sur une page au hasard. À travers les citations parsemées dans ce livre, tu trouveras de quoi éclairer ton chemin. Certains mots aident réellement à alléger les maux de l'âme alors, imprègne-toi de cela et laisse la magie opérer.

Je te souhaite une belle route parsemée de beaux cailloux magiques et d'amour.

CRÉDITS ICONOGRAPHIQUES

© iStock – **VvoeVale** : pages 36, 57, 60, 68, 77, 79, 87, 92, 98, 121 et 125 ; **unpict** : page 39 ; **MahirAtes** : page 41 ; **RHJ** : pages 42 et 59 ; **jxfzsy** : page 44 ; **Minakryn Ruslan** : pages 47, 64, 101 et 129 ; **JacobVanHouten** : page 49 ; **Stellar-Serbia** : pages 51 et 114 ; **mtcurado** : page 54 ; **J-Palys** : page 56 ; **jopelka** : page 58 ; **ArgenLant** : page 62 ; **Mehmet Gökhan Bayhan** : page 63 ; **KrimKate** : pages 65, 83, 107, 113 et 122 ; **Kerrick** : pages 66 et 81 ; **Tycson1** : page 73 ; **pixelmaniak** : page 75 ; **manfredxy** : page 86 ; **Anna Usova** : page 88 ; **Andrey Mitrofanov** : page 89 ; **underworld111** : page 90 ; **MarcelC** : page 93 ; **rep0rter** : page 94 ; **adamanto** : page 97 ; **Boogich** : page 99 ; **mludzen** : page 102 ; **alexhstock** : page 103 ; **benedek** : pages 105 et 126 ; **MXW Stock** : page 106 ; **hapelena** : page 110 ; **Pobytov** : page 117 ; **RicoK69** : page 115 ; **Epitavi** : page 123 ; **miriam-doerr** : page 124 ; **ivstiv** : page 127 ; **PamWalker68** : page 128.

© Wikipédia – **Ivar Leidus** : page 53.

© Shutterstock – **Marti Bug Catcher** : page 112 ; **Roy Palmer** : page 120.

NOTES PERSONNELLES

NOTES PERSONNELLES

NOTES PERSONNELLES

NOTES PERSONNELLES

NOTES PERSONNELLES

NOTES PERSONNELLES

NOTES PERSONNELLES

NOTES PERSONNELLES

NOTES PERSONNELLES

pca
cmb
édition pré-presse
livres numériques

44400 Rezé